동북아시아 비핵지대

차례
Contents

모두가 평화롭게 살아갈 아시아를 향해

우리들은 커다란 이상을 향해, 작지만 확신에 찬 걸음을 내딛는 것에 대해 이야기를 나눠왔습니다. 커다란 이상은 동북아시아에 평화체제를 구축하는 것이며, 작은 걸음이란 한국과 일본에서 이 책 『동북아시아 비핵지대 *Northeast Asia Nuclear Weapons-Free Zone*』를 공동으로 출간하는 것입니다.

한국의 '평화네트워크'와 일본의 '피스데포'가 중심이 되어 '동북아시아 비핵지대' 설립에 대해 협의를 시작한 것은 2000년 9월 스웨덴의 움살라(Uppsala)에서 개최된 '비핵지대 국제회의'가 처음이었습니다. 그 후 우리들은 여러 차례의 만남과 논의를 거듭하면서 동북아시아 비핵지대의 의미와 필요성에 대한 공감대를 이루었습니다.

동북아시아는 미국이 주도하는 한·미·일 삼국의 연합안보 체계가 가속화되고 있으며, 냉전시대의 대립적 구조가 여전히 지속되고 있는 상황입니다. 이 같은 정세가 낳은 가장 최근의 움직임이 미사일방어체제(MD)입니다. 우리들은 "나의 안전은 당신의 안전 없이 실현할 수 없다."라는 '공동안보'(common security)의 개념을 기초로 지역안보기구를 설립할 필요가 있다고 생각합니다. 비핵지대(혹은 비핵무기지대)는 그것을 실현하기 위한 적절한 첫걸음이라고 확신하고 있습니다.

이 책은 한국과 일본의 독자들에게 동북아시아의 평화를 제안하는 메시지를 담고 있습니다. 첫째, 공통점이 있는 사실에 기반을 두면서도, 둘째, 서로 다른 사회적 기반을 감안해서 이야기해야 할 필요가 있습니다.

책을 출판하면서 많은 분들로부터 조언과 협력을 받았습니다. 정태춘 선생님과 사카모토 류우이치 선생님으로부터는 따뜻한 메시지도 받았습니다. 진심으로 감사드립니다. 또한 독자 여러분의 의견을 기다리고 있겠습니다. 한일 두 나라에서 동시에 진행할 출판사업의 성과가 더욱 확대되고, '동북아시아 비핵지대'를 설립하는데 협력해 주셨으면 합니다.

2005년 2월 『동북아시아 비핵지대』 한일공동출판위원회

한국측 위원

이삼성(한림대 교수, 국제정치)

강정민(핵공학 박사)

정욱식(평화네트워크 대표)

이준규(평화네트워크 운영위원, 한국측 코디네이터)

일본측 위원

우메바야시 히로미치(피스데포 대표)

코바야시 이치로(작가)

카토 마사키(프리랜서 통역·번역가)

나카무라 케이코(피스데포 활동가)

야부 레이코(피스데포 활동가, 일본측 코디네이터)

정태춘(가수, 한반도군축평화실현을 위한 문예행동)

『동북아시아 비핵지대』의 출판을 축하합니다

가수 정태춘씨는 사회성 짙은 음악으로 한국의 민주화운동과 사회운동에 참여해 온 대중음악가이다. 최근에는 평화군축을 위한 예술인들의 사회참여에 심혈을 기울이고 있다.

동북아시아에 비핵지대를 만들기 위한 한일 민중들의 연대에 박수를 보냅니다. 참가하신 분들께 제 노래 한 곡 띄워드립니다.

버섯구름의 노래(정태춘, 1987)

강가의 풀꽃들이 강물의 노래에 겨워
이리로 또, 저리로 흔들, 흔

들며 춤출 때
　들판의 아이들이 제 땅을 밟고 뛰며
　헤어진 옛 동무들을 소리쳐 부를 때
　바로 그때, 폭풍과 섬광
　피어오르는 버섯구름 하늘을 덮을 때

　공장에서 돌아온 나 어린 노동자
　지친 몸을 내던지듯 어둔 방에 쓰러질 때
　갯가의 할아버지 물 건너 산천을 보며
　갈 수 없는 고향 노래 눈물로 부를 때

　도회지 한가운데 최루탄 바람이 불고
　불꽃과 그 뜀박질로 통일을 외칠 때
　가슴엔 우국충정 압제의 칼날을 품고
　얼굴에는 미소 가득 평화를 외칠 때

핵무기 없는 세계가 평화를 지킨다

사카모토 류우이치 씨는 뉴욕에서 활동중인 뮤지션이며, 영화 「마지막 황제」의 주제곡을 통해 세계적인 명성을 얻었다. 반핵 평화운동에도 정열적으로 참여하고 있다.

전 세계 수많은 사람들이 반대의 목소리를 높이고 있었음에도 불구하고 부시 대통령은 2003년 이라크 전쟁을 시작했으며, 일본의 고이즈미 정권은 국제법을 무시한 이 전쟁에 재빠르게 지지를 선언하고 헌법을 어기면서까지 이라크에 자위대를 파병했습니다.

그 구실의 하나가 미국의 말을 듣지 않으면, 북한이 일본을 공격했을 때 미국이 일본을 지켜주지 않을 것이라는 것이었습니다. 그러나 저는 이것이 이상한 논리라고 생각합니다. 만약 동아시아에 긴장이 존재한다면 무력을 증강하기 이전에 우선 그 긴장을 없애려고 노력해야만 하는 것이 아닐까요?

전쟁은 최후의 수단이어야 합니다. 그러나 긴장을 없애기 위한 것에 대해서는 제대로 논의해 보지도 않고, '전쟁은 있을 수밖에 없는 것'이라는 전제로 논의를 진행해 가고 있는 것입니다.

동아시아에서 긴장을 없애기 위해 어떻게 하면 좋을까요? 저는 우선, 한국과 일본의 국민들이 여권 없이 서로 자유롭게 오갈 수 있도록 하는 데서 시작하면 어떨까하고 생각해 봤습니다. '작은 EU'와 같은 것이라고 할 수 있습니다.

다음으로 진행되어야 할 것은 이 책에서 주장하고 있는 것처럼 비핵지대를 만드는 것입니다. 허무맹랑한 이야기라고 생각하는 분들이 있을 지도 모르겠습니다. 그러나 세계에는 이미 4개의 비핵지대가 존재하고 있으며, 전 세계 대륙의 50% 이상이 비핵지대로 되어 있다고 합니다.

저는 언제나 체르노빌과 히로시마, 나가사키는 핵에 의해 초래된 '비극적 유산'의 상징이며, 인류의 성지가 되어야 한다고 생각하고 있습니다. 동아시아에 비핵지대를 만들고자 한다면, 히로시마와 나가사키라는 두 도시가 있는 일본이 무엇보다도 선두에 서서 추진해야 할 것입니다. 그것이 이치에 맞습니다.

우리들은 비핵지대 구상이 하루라도 빨리 실현될 수 있도록 동아시아에 살고 있는 모든 이들이 협력해 갈 수 있기를 바랍니다.

비핵지대란 무엇인가?

세계 4대 비핵지대

비핵지대(비핵무기지대)란 일반적으로 특정한 지리적 영역 내에서 핵무기의 제조, 사용, 보유, 배치 등을 금지하는 것을 가리키는 말이다. 현재 세계적으로 4개의 비핵지대가 존재하고 있다.

핵무기는 일순간에 수십만 명을 무차별적으로 살상한다. 인류가 만들어낸 가장 파괴적이고 비인도적인 무기이다. 그러한 핵무기를 제한하고자 하는 국제적이고 또한 지역적인 노력으로 비핵지대는 만들어지고 있다. 그러나 그것은 단순히 핵무기가 없는 지역을 만드는 것만을 지향하고 있는 것은 아니다.

비핵지대의 또 하나 중요한 역할은 그 지역에 살고 있는 사람들의 안전을 보장하고 국제평화를 지키는 것이다. 4개의 비핵지대는 그러한 목적을 가지고 추진되고 있으며, 또한 그러한 목적을 달성하고 유지해 왔다. 그리고 각각의 비핵지대는 국제조약으로서 국제법의 보장을 받고 있다.

현존하는 4개의 비핵지대와 조약

라틴아메리카 및 카리브 지역 비핵지대(틀라텔롤코 조약)
조약 : 라틴아메리카 및 카리브 지역 핵무기 금지에 관한 조약
서명 : 1967년 2월14일
발효 : 1968년 4월22일

세계 최초의 비핵지대 조약으로서, 1962년 쿠바 위기를 계기로 중남미 지역 비핵화 구상이 제기되었으며, 1963년 유엔총회에서 라틴아메리카 비핵화를 요구하는 결의가 채택되었다. 그 후 1967년에 조약이 서명[1]되고, 1968년에 발효되었다. 틀라텔롤코(Tlatelolco)는 조약이 서명된 멕시코 외무성 앞 광장의 이름이다. 처음에는 '카리브 지역'이 명칭에 들어 있지 않았으나, 1990년에 현재와 같이 바뀌었다. 중남미 33개국이 대상이며 대상국 모두가 비준[2]했다. 마지막 조약 체결국인 쿠바도 2002년 11월 조약을 비준했다.

남태평양 비핵지대(라로통가 조약)

조약 : 남태평양 비핵무기지대 조약

서명 : 1985년 8월 6일

발효 : 1986년 12월 11일

1966년부터 시작된 남태평양에서의 프랑스 핵실험을 계기로 남태평양 국가들에서는 핵실험 반대의 목소리가 높아졌다. 이에 1975년 유엔총회에서는 남태평양 비핵지대 설립을 지지하는 결의가 채택되었다. 1983년 오스트레일리아에 노동당 정권이 출범하자 비핵지대 설립은 급속도로 진전되었고, 1985년 남태평양포럼(SPF)[3] 총회에서 조약이 채택·서명되었고, 1986년 12월에 발효되었다.

라로통가(Rarotonga) 조약의 명칭은 서명이 행해진 남태평양 쿡 군도의 라로통가라는 섬이름에서 따왔다. 태평양 군도 포럼(PIF)에 가맹한 총 16개의 국가와 지역(자치령 포함)이 조약의 대상국이며, 현재까지 조약을 체결한 국가와 지역은 13개(오스트레일리아, 뉴질랜드, 파푸아뉴기니, 피지 군도, 사모아, 솔로몬 군도, 바누아트, 통가, 나우루, 키리바티, 투바루, 쿡 군도, 니우에)다. 마이크로네시아 연방, 마샬아일랜드 공화국, 팔라우는 서명하지 않았다.

동남아시아 비핵지대(방콕 조약)

조약 : 동남아시아 비핵무기지대 조약

서명 : 1995년 12월15일

발효 : 1997년 3월27일

아세안(ASEAN, 동남아시아국가연합)은 설립 당시부터 역외 국가로부터 어떠한 간섭도 받지 않는 것이 필수적이라고 보고 있었으며 이를 위해 '동남아시아 평화·자유·중립지대(ZOPFAN)' 구상을 내걸었다. 비핵지대화는 그 구상의 실현을 위한 것이었다. 냉전이 종결되면서 비핵지대 구상이 진전되어, 1995년 타이의 수도 방콕에서 개최된 아세안 정상회담에서 동남아시아 10개국의 정상이 조약에 서명하고, 1997년 3월에 발효되었다. 아세안에 참가하고 있는 10개국(브루나이, 캄보디아, 인도네시아, 라오스, 말레이시아, 미얀마, 필리핀, 싱가포르, 타이, 베트남)이 그 대상이며, 필리핀의 비준이 늦어졌지만 2001년 필리핀이 비준함으로써 모든 국가가 비준을 완료했다.

아프리카 비핵지대(펠린다바 조약)

조약 : 아프리카 비핵무기지대 조약

서명 : 1996년 4월11일

발효 : 아직 발효되고 있지 않음

아프리카에서의 비핵화 움직임은 1960년 프랑스의 사하라 사막 핵실험 개시를 전후해서 시작되었다. 1961년 11월 유엔 총회에서 아프리카 비핵지대화를 촉구하고, 1964년 아프리카

통일기구(OAU)⁴⁾ 정상회담에서 아프리카 비핵화 선언이 채택되었다. 그러나 남아프리카공화국의 핵무기 개발 의혹 때문에 조약 성립이 늦어지게 되었다. 1991년 남아프리카공화국이 핵무기를 포기하고 핵확산금지조약(NPT)⁵⁾에 가입함으로써 조약 성립이 진전되어 1995년 6월 OAU 정상회담에서 아프리카 비핵지대 조약이 채택되었으며, 1996년 4월에는 아프리카 대륙 총 45개국이 조약에 서명했다(당시 에티오피아로부터 에리트레아가 분리 독립했기 때문에 46개국이라고 하는 사람도 있다). 펠린다바는 1995년 조약이 채택된 남아프리카공화국의 지명이다. 아프리카 대륙에 있는 총 54개국이 그 대상이며 현재 가맹국은 19개국이다. 총 28개국이 비준했을 때 조약의 효력은 발효된다.

이상 4개의 비핵지대에는 현재 113개국이 포함되어 있다(2003년 4월 현재). 이 외에도 다른 종류의 비핵지대 지위를 획득하고 있는 남극대륙을 포함하면 지구 육지의 50% 이상이 비핵지대에 속하게 된다. 남반구의 경우는 거의 대부분이 비핵지대에 속해 있다. 이 지역들에서 '비핵지대'는 그 지역의 평화와 안전을 지키는데 있어 중요한 역할을 하고 있다.

비핵지대에 있는 3개의 공통요소

현존하는 4개의 비핵지대에는 공통적으로 다음과 같은 3개의 요소가 포함되어 있다.

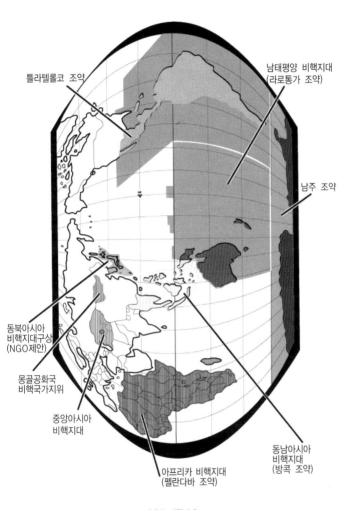

틀라텔롤코 조약

남태평양 비핵지대
(라로통가 조약)

남주 조약

동북아시아
비핵지대구상
(NGO제안)

몽골공화국
비핵국가지위

중앙아시아
비핵지대

아프리카 비핵지대
(펠린다바 조약)

동남아시아
비핵지대
(방콕 조약)

세계의 비핵지대.

1) 핵무기 부재와 비확산
   비핵지대에서는 핵무기의 개발, 실험, 제조, 생산, 취득, 소유, 저장, 수송(육지와 내수), 배치 등이 금지된다.
2) 소극적 안전보장
   비핵지대에 대해 핵무기에 의한 공격, 공격 위협이 금지된다.
3) 조약준수기구
   조약준수를 위한 기구가 설치된다.

비핵국가와 핵보유국에 부과되는 의무

3개의 공통요소 중에서 특히 주목할 필요가 있는 것은 두 번째 '소극적 안전보장'이다. 많은 사람들은 비핵지대라고 하면 첫 번째의 핵무기 부재와 비확산 의무만을 떠올리곤 한다. 이러한 의무를 약속하는 것은 비핵국가이다. 그러나 현존하는 모든 비핵지대 조약에는 핵보유국에게도 중대한 의무를 부과하는 의정서들이 붙어 있다. 핵무기를 갖고 있는 5대 강국, 즉 미국, 러시아, 중국, 프랑스, 영국이 비핵지대에 대해 핵무기로 공격 및 위협을 하지 않겠다고 약속하는 것이다. 이와 같은 부정형에 의해 안전을 '보증'하는 것은 모든 비핵지대에 예외가 없다. 이것이 그 지역의 평화와 안전에 있어 극히 중요한 요소이기 때문이다. 간과해서는 안 될 것이 효용이다. 따라서 '소극적 안전보장'을 요구하는 의정서에 5대 핵보유국들[6]이 서명·비준하는가의 여부가 중요한 문제인 것이다.

틀라텔롤코 조약은 러시아가 가장 늦게 비준했지만(1979년), 모든 핵무기 국가들이 이 조약을 비준했다. 라로통가 조약은 러시아가 1988년, 중국은 1989년에 비준했다. 서방 3개 핵무기 국가는 1996년 1월 프랑스의 핵무기 실험 종결을 계기로 그해 5월에 이르러서야 서명했다. 2004년 12월 현재, 미국은 아직도 비준하고 있지 않다.

방콕 조약에는 아직 어떤 핵보유국도 서명하지 않았다. 중국이 서명하기로 결정했다고 하는데 아직 실행되고 있지 않다. 펠린다바 조약은 모든 핵무기국이 서명을 마치고 프랑스, 중국, 영국이 비준을 마쳤다(표1).

모든 핵무기 보유국에 의한 '소극적 안전보장'이 발효될 때 비핵지대는 법적 구속력이 생기며, 이른바 '비핵의 우산'(핵공격을 해서는 안 되는 지대) 아래에 놓이게 된다. 각각의 조약에는 조약을 유지하기 위한 기구가 설치되어 있다(표2).

소극적 안전보장에 관한 의정서(표1)

조약	의정서 해당 조항	핵무기국의 서명과 비준
틀라텔롤코 조약	의정서2 제3조	모든 핵보유국이 비준
라로통가 조약	의정서2 제1조	러시아, 중국, 영국, 프랑스는 비준, 미국은 서명
방콕 조약	의정서 제2조	서명한 핵보유국 없음
펠린다바 조약	의정서1 제1조	프랑스, 중국, 영국은 비준, 미국과 러시아는 서명

비핵지대 조약 준수를 위한 기구(표2)

틀라텔롤코 조약	라틴아메리카 핵무기 금지를 위한 기구 (OPANAL)
라로통가 조약	남태평양 경제협력 협의위원회
방콕 조약	동남아시아 비핵지대 위원회, 집행위원회
펠린다바 조약	원자력에 관한 아프리카 위원회

비핵지대 조약 내용의 변화 과정

냉전시기인 1960년대 체결된 틀라텔롤코 조약에서부터 냉전후 포괄적 핵실험 금지조약(CBT)[7]이 체결될 즈음의 방콕 조약과 펠린다바 조약에 이르기까지는 시기적으로 30년 가까운 간격이 있다. 따라서 4개의 비핵지대 조약에는 역사적 변천의 궤적이 남아 있다. 조약의 내용은 조금씩 발전해 왔다.

평화적 핵폭발은 허용되는가?

평화적 핵폭발(PNE)이란 예를 들면 토목공사 등에 핵폭발장치를 이용하는, 즉 무기로 사용할 목적 이외로 행해지는 핵폭발이다. 틀라텔롤코 조약은 일정한 조건하에서 PNE를 허용하는 규정을 두었다. 그러나 1970년에 발효된 핵확산금지조약(NPT)이 이것을 원칙적으로 금지했기 때문에 그 이후의 비핵지대 조약은 PNE를 포함해서 모든 종류의 핵폭발을 금지하고 있다.

핵무기를 탑재한 군함과 항공기의 일시통과와 기항

틀라텔롤코 조약이 체결될 당시에는 일시통과와 기항에 대해 관심이 적어서 조약에 특별한 규정을 두지 않았다. 그러나 라로통가 조약에서 이 문제는 뜨거운 이슈로서 정치적 관심사가 되었다. 핵무기 보유국이 "핵무기의 존재를 긍정도 부정도 하지 않는다."(NCND)[8]는 자세를 취하고, 또한 핵보유국의 동맹국이 확대 억지 정책[9]을 취해 왔기 때문에 비핵지대 조약에서 "일시 통과와 기항을 일률적으로 금지한다."는 내용을 넣지는 못하고 있다(라로통가 조약 제5조). 결국 이 문제는 비핵지대 내 각국의 독자적 판단에 위임하는 형식이 되었다. 방콕 조약(제7조), 펠린다바 조약(제4조)이 이런 형식을 취하고 있다.

방사성폐기물 투기(投棄)에 대한 금지 여부

틀라텔롤코 조약에는 '방사성폐기물 투기'를 금지하는 규정이 없었지만 라로통가 조약 이후 모든 비핵지대 조약에서는 방사성폐기물의 해양 투기를 금지하도록 하고 있다. 방콕 조약에서는 해양 투기만이 아니라, 더 나아가 공중 방출과 자국 영역 외의 육지에 처분하는 것도 금지하고 있다. 펠린다바 조약에서는 방사성폐기물을 국경을 넘어 이동시킨다든지 수입한다든지 투기하는 것을 금지하고 있다.

비핵지대의 적용범위

비핵지대의 적용범위에 관해서는 각각의 조약이 나름대로

규정하는 방식을 가지고 있다. 틀라텔롤코 조약과 라로통가 조약은 비핵지대 내 국가의 영토, 영해[10]를 넘어 광범위하게 공해[11]까지 포함시켜 비핵지대로 지정했다. 방콕 조약은 영토, 영해 외에 200해리 배타적 경제수역(EEZ)[12]을 비핵지대로 하고 있다. 한편 펠린다바 조약은 영토와 영해만을 비핵지대의 범위로 삼고 있다.

핵시설에 대한 공격을 규제하고 있는가?

틀라텔롤코 조약, 라로통가 조약, 방콕 조약에는 핵시설에 대한 공격을 규제하는 조항이 없지만 펠린다바 조약에는 "핵시설에 대해 통상적 수단 혹은 다른 수단으로 무력공격을 목적으로 하는 어떠한 행동도 하지 않는다."는 것이 의무조항으로 되어 있다(제11조). 이것은 핵에너지의 평화적 이용에 관해 상호이해, 협력하고자 하는 의사의 표현이라고 할 수 있다.

4개 비핵지대 조약의 차이점(표3)

	틀라텔롤코 조약	라로통가 조약	방콕 조약	펠린다바 조약
평화적 핵폭발	인정	사용금지	사용금지	사용금지
군함, 항공기 일시 통과 및 기항	규정 없음	각국에 위임	각국에 위임	각국에 위임

방사성폐기물 투기	규정 없음	해양투기 금지	해양투기 및 공중방출 금지	이동 및 수입, 투기 전면금지
핵시설에 대한 공격	규정 없음	규정 없음	규정 없음	금지

동북아시아 비핵지대의 역사

동북아시아 비핵지대에 대한 구체적 논의는 냉전이 끝나면서 등장하기 시작했다. 그것을 문헌을 통해 연대순으로 정리해 보면 표4와 같다.

문헌을 통해 본 동북아시아 비핵지대 제안(표4)

발표일	제안자	제안 내용
1995년 3월	존 엔디콧	비전략 핵무기에 한정된 제한적 비핵지대안. 당초에는 판문점을 중심으로 하는 반경 2,000km의 원형안. 그후 미국의 알래스카를 포함한 타원형안을 제안
1995년	앤드루 맥	한국, 일본, 대만을 포함한 비핵지대안
1996년 3월	카네코 마사오	판문점을 중심으로 반경 2,000km의 원형안. 핵보유국과 비핵국가에 다른 의무조항을 부과
1996년 5월	우메바야시 히로미치	3개의 비핵국가(한국, 북한, 일본)와 3개의 핵보유국(미국, 중국, 러시아)에 의해 구성되는 3+3안
1997년 10월	존 엔디콧	제 1단계로서 한국, 일본, 몽골, 북한 등 비핵국가에 의한 제한적 비핵지대

		를 창설하는 방안
2004년 4월	우메바야시 히로미치 등	3+3안에 기반한 모델 조약안

존 엔디콧(John E. Endicott) 등의 제안

1995년 3월, 존 엔디콧이 이끄는 연구팀(미국 조지아공과대학 국제전략기술정책센터)은 수년간에 걸친 공동작업의 결과로서 동북아시아 비핵지대안을 발표했다. 엔디콧 팀의 활동경과는 1999년이 되어 자세하게 보고 되었는데, 그에 따르면 연구는 1991년으로 거슬러 올라간다. 그러나 오랜 시간 그 연구는 개인만의 연구 작업과 의견교환에 머물러 있었다.

엔디콧 팀 최초의 비핵지대 제안은 한반도의 비무장지대(판문점)를 중심으로 반경 약 2,000km(1,200해리)의 원을 그려서, 그 안을 비핵지대로 한다는 원형지대의 제안이었다. 지대 내에는 한국, 북한, 일본, 대만 전체와 중국, 러시아, 몽골의 일부가 포함된다. 또한 일본과 한국에 군사기지를 가지고 있는 미국도 조약 참가국에 포함되어 있다. 그러나 그 이후 지대 내에 미국 영토가 포함되어야 한다는 견해에 따라 타원의 긴반경이 미국의 알래스카에 이르는 타원형(실제로는 미식축구 공의 모양을 하고 있다) 비핵지대 제안으로 발전시켰다. 그들의 제안은 비핵화의 대상을 우선 "비전략미사일[13])용 탄두로 제한한다."라는 조건이 붙어 있어 '제한적 비핵지대 조약'을 제안한 것이라고 볼 수 있다.

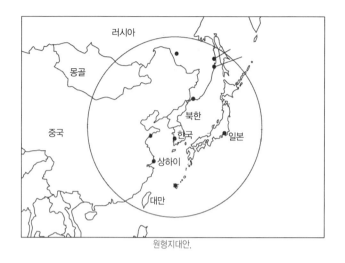

원형지대안.

카네코 마사오(金子熊夫)의 제안

1996년 3월, 카네코(일본 에너지환경외교연구회 회장, 전 일본 외무성 원자력 과장)는 엔디콧 팀과 따로 같은 원형지대안을 제안했다. 카네코 안은 제한적 비핵지대와는 달리 지대 내의 핵무기 보유국과 비핵국가에 따로따로 의무 조항을 부과하고 핵무기 보유국에 대해서는 지대 내의 핵을 단계적으로 철거한다는 구상에 기반한 전면적 원형 비핵지대 제안이다.

앤드루 맥(Andrew Mack)의 제안

한편 앤드루 맥(당시 오스트레일리아국립대학 국제관계학부)은 "가장 확실한 동북아시아 비핵지대는 한국, 북한, 일본 그리고 대만을 포함하는 것"이라고 제안했다. 대만은 '국가'는 아니지만 APEC의 일원으로서 동북아시아 비핵지대를 구성하는 조건을 갖춘 지역이라고 할 수 있다. 맥의 논문은 유엔군축연구소(UNIDIR)의 보고서에 발표되었는데 엔디콧 팀의 연구에 대한 언급이 없어 당시에는 연구자 간의 정보교환이 없었던 것으로 보인다.

우메바야시 히로미치(梅林宏道)의 제안

1996년 5월, 우메바야시 히로미치('피스데포' 대표, '태평양 군비철폐 운동' 국제 코디네이터)는 동북아의 역사와 조건을 고려해서 '3＋3안'을 발표했다. 그 안은 동북아의 비핵국가인 한국, 북한, 일본의 3개국이 비핵지대 조약을 체결하고 주변의 3개 핵무기 국가 즉, 미국과 러시아 그리고 중국이 소극적 안전보장 등을 포함한 비핵지대 존중 의정서에 참가한다는 제안이다.

'3＋3안'은 남북한과 일본 3개국이 이미 공언하고 있는 정책에 입각할 수 있다는 이점을 가지고 있다. 남북한은 1992년 1월에 서명하고, 같은 해 2월에 발효한 '한반도 비핵화에 관한 공동선언'에서 핵무기의 "실험, 제작, 제조, 수령, 보유, 저장, 배치 및 사용을 하지 않는다."는 것과 "원자력 에너지를 평화적 목적에만 이용한다."는 것을 약속한 바 있다. 한편 일본은 "핵무기를 생산, 보유, 반입하지 않는다."는 비핵 3원칙을 가지고 있다. 또한 1955년 '원자력기본법'은 원자력의 군

동북아시아 제한적 비핵무기지대 개념도.

사적 이용을 금지하고 있다. 즉, 한국과 북한, 일본 3개국은 비핵지대 조약의 첫 번째 요소인 핵무기 부재와 비확산에 대해 이미 많은 점에서 조건을 충족시키고 있다. 2000년 10월 일본의 아사히 신문은 "최근에는 우메바야시의 제안처럼 핵을 가지고 있지 않는 나라들이 앞서서 비핵지대 조약을 체결하는 구상이 유력하다."고 보도하고 있다.

엔디콧 팀의 새로운 제안

앞서 언급한 엔디콧 팀은 제한적 비핵지대 구상을 추진하는 과정에서, 설령 전술핵무기에 한정하더라도 원형 혹은 타원형 비핵지대의 실현은 극히 어렵다는 것을 알게 되었다. 지대의 크기, 모양, 포함되는 무기의 종류, 관리기구의 상세한 모습 등 주요한 문제에 대해 거의 진전을 기대하기 어려운 상황에서 1997년 10월 엔디콧 팀은 새로운 제안을 했다. 그것은 제일 첫 단계로 생각했던 제한적 비핵지대에 이르기 위한 새로운 단계를 설정한 것으로, 그 단계에서는 "일본과 남한, 가능하다면 몽고, 그리고 만일 비핵보유국으로서의 지위가 명확해진다면 북한이라는 비핵국가에 기초를 둔 제1단계 제한적 비핵지대를 창출한다."는 것이다. 이것은 우메바야시의 3+3안에 매우 근접한 것이다.

우메바야시 히로미치 등의 '3+3안' 조약 모델 제안

'3+3안'이 가장 현실적인 안이라고 판단한 일본과 한국의 시민사회단체들은 그 구체적인 안을 제시하기 위한 노력을 해 왔다. 2003년 4월 제네바 NPT 재검토 준비위원회 공식세션에서 우메바야시는 각국 정부대표들 앞에서 3+3안을 제기했다. 같은 날, 일본의 '피스데포'와 한국의 '평화네트워크'는 공동으로 동북아시아 비핵지대에 관한 워크숍을 주최하고, 그것을 계기로 3+3안에 기반한 조약모델 작성을 시작하였다. 모델은 2004년 4월 뉴욕에서 열린 NPT 재검토회의 준비위원회에 맞춰 피스데포와 평화네트워크가 공동주최한 워크숍에서 제안되었다. 그것은 종래의 3+3안을 더욱 개선시켜 핵보유국의 소극적 안전보장을 의정서가 아닌 본 조약에 포함시키도록

했다.

조약 모델이 작성됨으로써 3+3안의 전체상이 더욱 명확하게 되었고 다양한 쟁점들을 보다 구체적으로 검토하는 것이 가능해졌다.

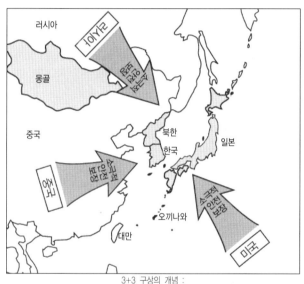

3+3 구상의 개념 :
한국, 북한 일본 3자 간의 조약을 중심으로 하며
핵강대국들은 소극적 안전보장(NSA)을 제공.

이삼성(한림대 정외과 교수, 평화네트워크 자문위원)

동북아 비핵지대: 한반도평화와 동아시아 공동안보

동아시아 질서의 역사적 조건과 그 유산

냉전시기 동아시아 안보질서는 공동안보와 거리가 멀었다. 그것은 탈냉전의 상황에서도 근본적으로는 변하지 않았다. 적어도 세 가지 의미에서 그렇다.

첫째, 20세기 전반에 제국주의적 폭력과 전쟁이 배태한 민족적 증오의 분계선은 냉전을 거쳐 오늘에 이르기까지 그대로 유지되고 있다. 서양 제국주의와 일본의 군국주의적 파시즘이 한반도와 중국 대륙을 침략하면서 '아시아적 분단'의 비극은 깊어졌다. 20세기 전반 군국주의적 파시즘과 저항적 민족주의 사이의 대립을 내포한 아시아의 역사적 분단은 냉전시대 미·

소가 주도하는 전 지구적 차원의 이념적 분단과 결합해 아시아 내부의 심리적 분단의 장벽을 더욱 공고히 했다. 우리는 이것을 '동아시아 대분단 체제'라고 부를 수 있을 것이다.

탈냉전기에 들어서도 상황은 크게 변하지 않았다. 미국은 냉전시대에 구축한 군사동맹 질서를 더욱 가다듬어 왔다. 더욱이 미사일방어체제라는 첨단 군비경쟁을 선도함으로써 새로운 차원의 철의 장막(iron curtain)을 구축하고 있다. 이로 인해 '동아시아 민족들 사이의 심리적 간극의 역사적 응결' 상태가 연장되고 있다. '동아시아 대분단 체제'가 여전히 지속되고 있는 것이다.

둘째, 한국과 일본은 미국 주도의 군사동맹 질서에 편입되어 있기 때문에, 역사적 갈등을 극복하고 화해를 이룬 듯하지만, 그것은 외피에 불과하다. 일본의 보수 세력은 통일된 한반도의 미래를 불안한 눈으로 보고 있으며, 한반도의 보수 세력은 남북 긴장이 해소된다면 과잉 군사력 유지의 명분을 일본에 대한 구원(舊怨)에서 찾으려 할 것이다. 이런 상황은 냉전시대에 외관상 한·일 양국의 접착제 구실을 했던 미국의 군사전략이 미국의 필요에 의해 바뀔 때, 더욱 그 왜곡과 불안의 진폭을 크게 할 수 있다. 한·일 간에 긴장이 고조되고 군비경쟁이 펼쳐질 수 있다는 것이다.

셋째, 동아시아 국가와 민족들은 서로 직접적인 정치적 의사소통 구조를 갖고 있지 못하다. 동아시아 질서의 총체적 매개자이자 조정자 역할을 미국이 자임하고 있는 것이 현실이다. 한국과 일본을 연결하는 것은 진정한 화해에 바탕을 둔 자율적 정치 대화가 아니다. 미국에 의해 마련되고 조정되어 온, 그래서 근본적으로 간접적이며 군사·경제 중심의 불균형 관계였다. 중국과 일본의 관계 역시 마찬가지이다. 중국에 대한 일본의 정치·군사 전략의 기조는 미일동맹에 의해 결정되고 규제되어 왔다. 남북관계 또한 한미동맹과 북미 대결 속에서 규정되어 왔고, 북일관계 역시 미국을 거치지 않은 정치적 대화는 없었다.

이와 같은 동아시아 질서의 구조는 서양 열강의 침략, 일본의 군국주의, 미국의 동아시아 패권 전략, 자주적 비전과 새로운 구조 창출의 노력이 부족했던 동아시아 민족들의 상호 작용 속에서 이루어졌다. 결국 동아시아 질서는 미국의 패권에 의해 규정되고 운영되는 지극히 타율적인 구조를 벗어나지 못하고 있다. 이러한 구조로부터의 탈피는 동아시아 민족 간의 역사적인 화해와 공동안보의 비전, 제도의 창출로부터 가능하며, 동시에 이 과정은 미국 주도의 군사동맹 정치로부터의 점진적인 탈피를 의미한다.

한국에 있어서 동북아시아 비핵지대의 의미

동아시아의 내적 분열 상태가 지속되고, 미국 주도의 동맹 정치가 계속되는 상황에서 한국의 안보전략은 동아시아 공동안보를 추구해야 하며, 그 과정에서 조정자 역할을 해나가야 한다. 한·미·일 삼각동맹에 편입해 동아시아 긴장 구도의 한 축에 속하는 것이 단기적인 안보전략이 될 수 있을지 모르나, '백년대계'가 될 수는 없다. 당장의 위협을 피할 수는 있을지 몰라도, 계속되는 긴장과 위협 속에서 군비경쟁은 격화되고, 위협의 정도는 더욱 커질 것이기 때문이다.

위협에 대비하는 안보전략은 더욱 압도적인 군사력 보유를 통해 위협을 억지(deterrence)하는 것과 위협 자체를 없애 나가는 두 가지 방법이 있을 수 있다. 우리는 핵이 제기하는 위협에 대해 핵을 폐기하는 근본적 해결책을 추구해야 한다. 그러한 목표를 동아시아 차원에서 한반도의 평화와 연결지어 어떻게 구체화할 것인가가 '동북아 비핵지대론'의 출발점이다.

많은 사람들은 핵무기 위협에 대한 현실적 대안으로 미국의 핵우산 밑에 남을 것을 주장한다. 이것은 미사일방어체제가 핵무기와 대량살상무기 위협에 대한 인류의 내밀한 불안감에 뿌리를 내리고 음산한 호소력을 갖는 것과 일맥상통한다. 미국과 일본이 중심이 되어 추진하는 미사일방어체제는 핵을 폐기하지 않고도 '돈'과 '기술'로 핵의 위협에서 벗어날 수 있다는 자본 집약적 환상이다. 또한 핵의 위기를 핵의 제거라는 공동의 결단을 통해 해결하려는 것이 아니라 파괴적 군사 과학에 의지하고자 하는 '도구적 이성'의 잔치에 다름 아니다. 직면한 위협에 대해 더 큰 위협으로 맞서는 것은, 오히려 더 깊은 안보 딜레마의 수렁으로 우리를 몰아간다. 진정한 출구는 '핵의 전면적 폐기', 그리고 그것을 실천하기 위한 '비핵지대의 건설'이다.

핵의 근본적 폐기를 향한 전 지구적인 노력으로, 동북아에서 한국이 능동적 역할을 하는 것은 원칙적으로 옳을 뿐만 아니라, 지정학적으로 중소국가라고 할 수 있는 한국의 '생존전략'이며 '국가이익'이다. 한반도의 평화정착은 남북관계의 진전만으로 이루어질 수 없기 때문이다. 한반도 평화는 동아시아 전반에 화해와 협력의 기운이 넘치고, 공동안보질서를 건설할 수 있을 때 뿌리를 내리게 된다. 그리고 공동안보는 강대국의 패권에 좌우되지 않으며 동아시아 민족들의 공동 노력을 통해서만 이루어질 수 있는 것이다.

1991년 말 한반도에서는 남북한 간에 비핵화 공동선언이 이루어졌으나, 북한 핵을 둘러싼 논란으로 인해 한반도에 전쟁위기가 촉발되었다. 이 위기는 1994년 10월 제네바 북미합의로 가까스로 해소된 바 있다. 2001년 부시 행정부의 출범이후 미국은 제네바 합의를 파기했으며, 북한은 미국의 대북한 적대정책을 이유로 핵억지력 보유를 추구할 것임을 공개선언하기에 이르렀다. 이로 인해 동북아 비핵지대 건설의 현실적 기초였던 남북한과 일본의 비핵원칙은 중대한 위기에 처하고 말았다. 북한의 핵억지력 추구 선언은 일본의 비핵원칙을 위협하게 될 것이며, 그것은 동아시아 전반에 걷잡을 수 없는 핵긴장을 초래하고 말 것이기 때문이다.

그러나 이 위기는 동북아 비핵지대 건설이 무망(無望)함을 뜻하는 것이 아니라, 그에 대한 현실적 요청의 절박성을 재확

인해 주는 것이다. 북한에게 핵무장은 그 자체가 국가목표일 수 없다. 그것은 자살적 목표에 불과하다. 북한의 진정한 목표는 안전보장의 확보일 수밖에 없다. 2001년에 작성된 미국 '핵전략 검토'(Nuclear Posture Review)가 북한에 대한 핵무기 선제 사용 가능성을 거론하고 있는 점을 포함하여, 부시 행정부가 이끄는 미국의 대북한 정책이 내포한 '무력에 의한 위압'적인 전략은 북한이 다른 동아시아 국가들과 함께 공동안보를 논의할 수 있는 정치·외교적 공간을 크게 축소시키고 있다.

결국 동북아 비핵지대의 건설은 동아시아에서 미국이 보이고 있는 일방주의와 군사주의에 대한 엄중한 비판을 전제로 하지 않을 수 없다. 북한과 미국 간에 지속되어 온 군사적 긴장을 빌미로 하여 '자주국방'이란 이름 하에 한국이 진행하고 있는 군사력 첨단화와 일본의 평화헌법 폐기 시도 및 군사력 증강도 미국의 동아시아를 향한 군사주의와 긴밀한 관계 속에서 전개되고 있다. 여기에 미국과 중국, 그리고 일본과 중국 간의 지정학적인 현재적·잠재적 세력경쟁 의식이 겹쳐지면서 동아시아 공동안보의 질서를 가로막고 있는 구조가 영속화되고 있는 것이다. 이러한 구조의 동북아에서 비핵지대를 건설하려는 노력은 어차피 현실주의적 선택은 아니다. 이 질서와의 타협을 추구하는 것이 아니라, 그 구조를 변화시키고자 하는 것이기 때문이다. 구조의 변화는 쉬운 일이 결코 아니다. 그러나 구조 역시 인간의 사유와 행동, 상호작용의 총체에 다름 아니다. 우리는 비대해진 군사적 상상력을 축소시키고 왜

소해져 있는 정치적·외교적 사유의 공간을 확장함으로써, 우리의 사유와 행동을 바꿀 수 있다. 그렇게 함으로써 우리 사회의 정책결정 집단의 사유와 행동을 바꿀 수 있다. 그렇게 할 때 우리는 궁극적으로 우리와 상호작용 관계에 있는 다른 나라의 사유와 행동에 변화를 가져올 수 있다고 믿는다. 우리의 노력이 진정일 때, 우리의 노력은 성공할 수 있을 것이다. 공동의 안보는 공멸(共滅)보다 더 값진 것으로서, 모두가 동의하는 이상일 수밖에 없기 때문이다.

韓·日 주도의 비핵지대는 동아시아 공동안보의 시금석

동아시아 공동안보의 시작은 미국을 비롯한 주변 국가들이 북한에 대한 체제 위협을, 북한은 핵무장 위협을 상호 중단하는 것을 기초로 하여 한반도에서 평화협정체제를 구축하고, 이것을 바탕으로 한반도의 남북한과 일본이 구체적으로 비핵지대 건설을 출발하는 공동안보의 비전을 가다듬는 데에서 시작할 수 있다.

그동안 미국이 주도하는 한·미·일 안보동맹의 질서는 한반도 분단을 전제로 북한을 가시적인 공적(公敵)으로 삼는 군사동맹이었다. 한국과 일본 사이에 형성된 심리적 간극을 미국이라는 권력과 냉전이라는 시대적 조건이 타율적으로 봉합해 놓은 것에 불과했다. 같은 군사동맹에 속해 온 일본과 한국 사이에 진정한 공동안보가 성립되지 않는다면, 현재에 이르기까지 서로를 실질 혹은 가상의 적으로 삼고 있는 일본과 중국 사이에 공동안보의 심리와 제도가 성립되기를 기대하는 것은 무리이다. 그렇기 때문에 동아시아 공동안보의 출발점은 한반도와 일본 사이의 새로운 관계 정립에서부터 시작되어야 한다. 그리고 그 시원은 비핵지대화를 위한 한반도와 일본 간의 공동 노력에서 찾을 수 있다. 그 이유는 다음의 세 가지이다.

첫째, 진정한 역사적 화해를 하지 못한 남북한의 한민족과 일본은 미국의 세계 패권전략의 향방과 동아시아 대외관계의 변화 가능성에 따라 상호 군비경쟁으로 나아갈 수 있는 잠재성을 지니고 있다. 이러한 어두운 미래상의 한가운데 핵무장 경쟁의 가능성이 있다. 또한 이러한 두려움은 한반도와 일본 사람들 마음 속 깊은 곳에 자리 잡고 있다. 한·일 간의 무력 경쟁 가능성의 가장 파괴적인 상징이 될 수 있는 핵무장 경쟁의 가능성을 차단하고, 그것을 제도화하는 노력으로서 동북아 비핵지대화가 동아시아 공동안보의 첫 번째 역사적인 프로젝트로 선택되는 것은 지극히 논리적인 것이다.

둘째, 동아시아 전체 질서 속에서 남북한과 일본은 비핵지대 건설의 구심점이 될 수 있는 중요한 공통점을 갖고 있다. 북한은 부시 행정부가 먼저 제네바 합의를 무력화하고, 핵선제 사용 위협 등 적대정책을 내세운 것을 이유로 들어 2003년 1월 핵확산금지조약(NPT)을 탈퇴하고 핵억지력 추구를 선언함으로써 비핵원칙에서 이탈한 것이 사실이다. 그러나 북한은 자국에 대한 포괄적인 안전보장 문제가 해결되면 비핵원칙으로 돌아갈 가능성을 열어놓고 있는 것 또한 분명한 사실이다. 그러므로 북한의 경우도 '정상상태'는 비핵원칙의 유지라고 말할 수 있다. 북한이 남한 및 일본과 마찬가지로 비핵원칙이라는 정상상태로 돌아갈 수 있도록 모든 평화적인 노력이 경주되어야 한다. 북한 역시 비핵원칙으로 복귀할 때, 그것은 곧 남북한과 일본이 함께 그 비핵원칙의 보다 포괄적인 제도화를 추구할 수 있게 될 것이며, 또 그래야만 한다. 미국의 핵패권 전략에 의하여 밖으로부터 강요된 것이 아니라, 한반도와 일본의 마음 한가운데서 발전한 공동의 합의와 그것을 제도화하는 것으로부터 공동안보의 이상은 현실에 닻을 내릴 수 있을 것이다.

셋째, 한국과 일본의 대미 안보 의존의 한 중심에는 미국의 핵우산에 대한 군사적·심리적 의존이 놓여 있다. 중국과 러시아가 핵무기를 보유하고 있는 상황에서 한국과 일본이 비핵원칙을 지킨다는 것의 현실적인 기초는 미국의 핵우산 제공이라고 인식되고 있다. 이것은 한국과 일본은 미국의 핵우산에 의한 '보호'를 전제로 해서만이 비핵원칙의 견지가 가능하다는 사고를 담고 있다. 뿐만 아니라 일본인과 한국인은 서로 간에 상대방의 핵무장을 견제하는 것은 미국의 안보 공약과 핵우산 제공이라는 인식을 기본적으로 갖고 있다. 따라서 두 나라가 다 같이 비핵원칙을 지키면서 동시에 미국에 대한 의존을 축소시켜 나아가는 첫걸음은 동북아 비핵지대 건설이며, 출발은 한반도와 일본 사이의 비핵지대화를 위한 노력일 수밖에 없다.

동아시아에는 유럽과 달리 다자적 안보체제가 들어설 만한 토양이 마련되지 않았기 때문에 비핵지대화가 어렵다고 말할지 모른다. 그러나 비핵원칙을 천명하고 있는 한국과 일본, 그리고 미국을 비롯한 국제사회와의 포괄적인 관계 정상화와 평화체제 구축을 전제로 비핵원칙으로 복귀할 것으로 보이는 북한 사이에, 동북아의 비핵지대화에 대한 합의를 도출하는 것은 불가능한 일이 아니다. 덧붙여 이 지역에 대한 핵무기 강대국들의 핵무기 사용과 배치를 금지하는 국제조약을 확보한다는 목표는 오히려 이 지역 모든 강대국들의 안보 정책을 포괄적으로 규율하는 것을 목표로 하는 다자적 안보체제의 형성에 앞서서 진행될 수 있는 '초보적인' 국제제도라고 할 수 있다. 따라서 한반도와 일본이 주체가 되는 동북아 비핵지대는 동아시아 공동안보질서로 나아가는 출발점이자 그 시금석이라고 할 수 있다.

동북아시아 비핵지대화의 기본 원칙

끝으로 동북아 비핵지대 건설을 위한 노력의 과정에서 염두에 두어야 할 기본적인 원칙에 대해 생각해 볼 필요가 있다.

먼저 동북아 비핵지대는 궁극적으로 '인간 안보'와 '민중 안보'의 원칙에 기여하는 것이다. 이것은 왜곡된 자원 배분 구조에 기초한 군비경쟁과 그에 따른 힘 일변도의 안보관 및 안보 논리에 반대하고, 자원 배분의 우선순위를 민중의 삶의 질을 향상시키는 데 두는 안보전략을 촉구하는 원칙이다. 그것은 계급적·민족적·지역적 억압과 차별을 극복하여 민중의 인권과 삶의 질을 향상시킨다는 궁극적인 목적에 부합하는 평화의 원칙이다.

둘째, 자주적 공동안보의 원칙이다. 동북아 비핵지대화는 궁극적으로 미국의 군사력과 핵우산에 의존하지 않는 동아시아 공동안보질서의 창출이다. 미국의 군사력을 우리의 군사력으로 대체하려는 것으로 오해해서는 결코 안 된다. 패권적 군사력에 의존하지 않는 지역 내 국가들 간의 신뢰구축과 국제제도에 기반해 공동안보를 추구하는 것이어야 한다. 따라서 미국의 군사력을 대체하는 것은 동아시아 국가들 자신의 군사력 팽창이 아니라 공동안보를 지향하는 철학이며 정치적 실천이어야 한다.

셋째, 비핵지대화 운동은 2000년 9월 '웁살라 선언'에서 명백히 했던 것처럼 미사일방어체제에 대한 반대를 본질적으로 포함하는 실천이다. 미사일방어체제는 핵무기의 제거를 통해서가 아니라 또 다른 차원의 첨단무기체계에 대한 자원 낭비를 통해 핵위협을 극복하겠다는 파괴적 이데올로기 효과를 초래하고 있기 때문이다.

넷째, 비핵지대화는 친환경적인 공동안보전략을 추구하는 원칙에 기초하고 있고, 또 그래야만 한다. 원자력 산업을 우회적으로 보호하기 위한 비핵지대화에는 반대한다는 것이다. 이런 취지에서 남북한 모두는 1991년 '한반도 비핵화 공동선언'

에서 핵무기뿐만 아니라 평화적 핵이용을 명분으로 한 핵재처리 시설을 포기한 것을 재확인해야 한다. 이를 위해서는 북한이 비핵화 원칙으로 복귀해야 하며, 또한 북한의 복귀를 촉진시키는데 필요한 모든 평화적 노력이 한국과 미국 그리고 일본 모두에게 요구되고 있다. 아울러 우리는 일본 정부가 평화적 목적임을 내세워 우라늄 농축시설과 핵물질 재처리시설, 막대한 양의 플루토늄을 축적하고 있는 것에 반대한다.

마지막으로 동북아 비핵지대화를 위한 한·일 간의 공동 노력의 비전은 전 지구적 평화운동과의 연대라는 원칙이다. 동아시아 공동안보질서의 구현은 군사 블록을 형성하는 것이 아니다. 전 지구적인 '인간안보'(human security) 네트워크를 건설하는 것이다. 따라서 동아시아 공동안보의 비전과 실천을 이끄는 철학은 동아시아주의 같은 지역주의나 지역 담론이 아니라 전 지구적 보편주의이며 세계시민주의이다.

많은 한국인들은 일본의 역사적 반성이 없는 상태에서 공동안보의 노력이 가능할 것인지를 묻는다. 이것은 분명 맞는 말이다. 하지만 보수 세력이 지배하고 있는 일본 전체의 철저한 반성이 전제될 때, 한·일 간의 국제연대가 가능하다고 말하는 것은 일의 선후가 뒤바뀐 것이다. 성찰적 역사의식을 결여한 한·미·일 냉전 보수 세력 간의 국제 야합이 강력할수록, 성찰적 역사의식을 공유하는 진보적 평화운동 간의 국제연대가 더욱 절실한 것이다.

우메바야시 히로미치(피스데포 대표)

비핵지대와 '공동의 평화'

기로에 선 일본

일본은 커다란 전환기를 맞고 있다. 전후 평화헌법의 질서가 흔들리고 있다. 일본 사회의 현실을 볼 때, 국민들의 평화정책에 관한 정치적 선택지의 양상이 변화하고 있는 것을 부정할 수 없다. 자민당인가 사회당·공산당인가, 혹은 자민당인가 사회당인가라는 선택지에 많은 사람들이 평화정책에 관련된 자신들의 요구를 위임하던 구도는 사라졌다. 자민당인가 아니면 민주당인가로 선택지를 바꿔서 설정해 본다면 일반 시민들은 어떤 선택을 할 것인가? 그러나 그 선택지의 실내용은 명확하지 않고 혼돈스러울 뿐이다.

이러한 상황은 과거의 리트머스시험지를 가지고 선악을 판단하려고 한다든지, 과거의 선택지로 회귀하려 한다고 해서 해결될 수 있는 것이 아니며, 또한 그렇게 해서도 안 된다. 일본 평화헌법의 요체는 '비폭력주의'와 '국제적 신의에 대한 신뢰'에 있다. 후자는 '인간의 선의에 대한 신뢰'라고 바꿔 말해도 좋을 것이다. 헌법전문의 한 문장이 그 핵심을 표현하고 있다.

> 일본 국민은 항구적인 평화를 염원하며, 인간의 상호관계를 지배하는 숭고한 이념을 깊이 자각하며, 평화를 사랑하는 모든 국민들의 공정과 신의를 신뢰하면서, 우리의 안전과 생존을 지키고 유지하고자 결의했다.

이 점을 염두에 두더라도 많은 국민들이 실감하고 있는 사실, 즉 현실의 국제관계는 고난과 고뇌로 가득 차 있다는 '사실'로부터 눈을 돌릴 수 없다. 많은 일본 국민들은 헌법의 핵심적인 내용이 자신들의 장래의 안전보장에 적절한 것인가에 대해 자신감을 잃고 있다. 그러나 주목해야 할 새로운 현상은 일본의 평화와 안전을 생각함에 있어 일본 한 나라만이 아니라 세계의 현실과 일본이라는 나라가 세계 속에서 행하고 있는 다양한 행동들을 인식하면서 일본도 세계의 일원으로서 무언가를 해야만 한다는 생각을 갖는 국민들이 증가하고 있다는 것이다. 이러한 현상은 긍정적인 것이다.

문제는 일본이 무언가를 해야만 한다는 정서가 아직은 많은 국민들에게 있어 '방관자로서의 감각'으로 남아 있다는 것이고, 자기 자신이 주권자로서 책임을 져야 한다는 자각은 희박하다는 점이다. 그리고 정부의 국제공헌 논리에 사로잡혀 정부의 대미 추수정책과 이라크전쟁 지지, 자위대의 해외파병 등 주요한 현안에 제동을 걸지 못하고 있다는 점이다.

그 배경에서 매스미디어가 흘리는 일방적인 정보가 중요한 하나의 역할을 하고 있다. 적지 않은 일본 국민들은 일본이 평화를 위해 선의의 노력을 기울이고 있음에도 불구하고, 그것이 통하지 않는 '깡패국가'(rogue state)의 부당한 위협을 받고 있다고 생각하고 있다. 평화헌법에 대한 불안감의 근저에는 그러한 피해자 의식이 있다. 그러나 사실 일본 국민들이 느끼고 있는 평화에 대한 불안감의 상당 부분은 자신들이 다른 나라에 가하고 있는 위협의 반사현상이라고 할 수 있다. 예를 들면 일본의 미디어는 북한의 핵무기 개발과 미사일에 대해서는 지나칠 정도로 우려하면서도 시간적으로도 앞서 있고, 일본이 미국에 의뢰한 결과라고 할 수 있는 북한을 조준한 상태로 일본에 배치되어 있는 핵무기와 요코스카를 모항(母港)으로 하고 있는 미군함이 500기에 달하는 순항미사일 발사관을 장착하고 있고, 그것이 북한을 향해 발사될 준비태세를 갖추고 있다는 사실에 대해서는 거의 보도하지 않고 있다. 북한은 끊임없이 미일동맹의 군사적 위협에 노출되어 왔음에도 불구하고 말이다.

또 하나의 배경은 일본 국민들이 평화헌법의 핵심적 요체들을 되살림으로써 분쟁을 어떠한 방식으로 방지할 수 있고 위협을 어떻게 없앨 수 있으며, 시민의 안전이 어떻게 확보될 수 있을 것인가에 대한 구체적인 상을 가지고 있지 못하다는 점이다. 여기에는 미디어의 책임이 있지만 평화운동의 책임도 있다. 예를 들면 최근 우리는 무력분쟁 예방에 대해 적어도 두 가지의 구체적 사례를 목격할 수 있었다. 하나는 현재 진행중인 북한 문제에 관한 6자회담이다. 어설픈 낙관은 금물이지만, 최근 이 회담은 무력행사를 피하면서 분쟁을 해결하는 노력에 일정한 합의를 형성해 가고 있다. 중요한 것은 비군사적 접근이라는 비전 속에 이와 같은 노력을 명확하게 위치 지우는 것이다. 그리고 6자회담 성공의 장기적인 의의와 그 성공을 위해 국민들이 해야 할 노력들은 무엇인가에 대해서 좀더 많은 이야기들이 있어야 할 것이다.

또 하나는 이라크 전쟁을 저지하는 것에 실패한 유엔안전보장이사회의 예이다. 실패한 사례이지만 우리에게는 중요한 의미를 남겨 놨다. 국제시스템에 의한 대량파괴무기 사찰이 유효하며 이성과 인내심이 있으면 전쟁 없이도 위협에 대한 의구심을 제거할 수 있는 가능성에 대해 역사가 증명한 것이었다. 점령 후에 미국의 이라크 사찰단이 전권을 행사하며 발견한 것은 전쟁을 시작하기 전 활동이 중단되었던 유엔사찰단과 국제원자력기구(IAEA)가 내린 판단이 올바른 것이었다는 점을 증명하는 것이었다. 미국과 영국, 일본 지도자들의 어리석은 행동을 저지하지 못한 것은 분명하다. 그러나 한걸음씩

전쟁방지 국제시스템이 진보하고 있다는 것은 확실하다. 미디어와 평화운동은 이것을 적절하게 인식하고 시민들에게 정확하게 전달해야만 한다.

비핵지대의 역할

비핵지대는 이처럼 국제평화를 확보하기 위한 유력한 시스템 중의 하나이다. 특히 동북아시아에서는 무척 유효하고 적절한 시스템이다. 탈냉전과 함께 재빠르게 동북아시아 비핵지대에 대해 구체적인 검토를 시작한 존 엔티콧 일행(이 책의 22쪽 참조)도 "한반도의 군축만이 아니라 동북아시아의 협조적 안전보장의 환경을 만드는 첫 걸음"으로서 비핵지대 연구에 몰두하게 된 것이라고 얘기하고 있다.

우리들이 1995년 동북아시아 비핵지대 설립에 착수하기 시작했을 때에도 "비핵지대는 단순히 핵무기가 없는 지대를 의미하는 것은 아니다."라는 점을 강조했었다. 좀더 구체적으로 우리들은 동북아시아 비핵지대 설립을 일본 정부가 탈냉전기의 정세 속에서 미국과 새롭게 군사동맹의 강화를 계획하고 있던, 이른바 '미일안보 재정의'의 흐름에 대한 대안 구상으로서 위치 지웠다. 비핵지대 구상은 이 지역이 미군에 의존하는 안보구조로부터 벗어나기 위한 현실적인 첫걸음이기도 했던 것이다.

2000년 9월 1일부터 3일까지 스웨덴의 웁살라에서 '비핵지

대 : 핵 없는 세계를 향한 소중한 발걸음'이라는 제하의 국제 세미나가 열렸다. 웁살라에 있는 함마슐트 재단이 중심이 되어 준비했고, 피스데포도 공동주최의 일원이었다. 회의는 실천에 도움이 되는 세미나로 준비되었다. 즉, 이 회의의 종료 후에 비핵지대 설립을 위한 각 지역 NGO 활동이 지속되도록 하는 것이 회의의 주요한 목적 중의 하나였다. 그리고 구체성을 확보하기 위해서 준비 단계부터 4개 지역을 특정해서 각 지역의 정치적 조건, 그리고 안전보장 환경과 현 상황에 대한 정리와 비핵지대에 대한 구체적인 제안을 했다. 4개의 지역은 동북아시아, 남아시아, 중동, 중부유럽이다. 이 지역들은 모두 그 지역에 핵무기 문제와 지역안보 문제가 긴밀하게 맞물려 있는 곳이다.

우리들은 동북아시아 안전보장을 '미군을 기축으로 하는 구조'로부터 '지역 민중들의 협력으로 창출하는 협조적 안전보장의 구조'로 전환하며, 비핵지대 설립운동을 축으로 지역적 차원에서의 NGO 연대를 진전시켜 간다는 명확한 목적의식을 가지고 세미나를 준비했다. 유엔 사무차장 자얀타 타나팔라(당시 유엔군축담당)가 세미나의 모두(冒頭)에서 한 기조강연은 이와 같은 회의의 목적에 매우 적절한 함의를 가진 것이었다. 그는 비핵지대 설립의 정치적 의미에는 '이상'과 '실리' 두 가지가 있다고 하면서 그 상호연관성에 대해 다음과 같이 말했다.

"핵군축이라는 세계적 이상(理想)은 그것만으로도 이미

행동에 나서야 할 충분한 이유가 있다. 그러나 무엇보다도 이러한 이상이 현실의 우려 사항들에 응하면서 구체적인 혜택과 결합되었을 때, 회의적인 현실주의자들조차도 껴안을 수 있을 것이며, 비핵지대 주장은 강력한 힘을 가질 수 있을 것이다. 바로 이것이 비핵지대가 상당히 오랜 기간 그 제안이 다양화되고 있으며 대중적 관심이 증대되고 있는 이유이다. 비핵지대는 그 자체를 목적으로 존재하는 것이 아니다. 그것이 존재하는 것은 안전보장상의 진정한 이익에 기여하고 국제평화와 안전을 증진하며, 상호 이익과 모두의 이익을 위한 집단적 행동을 고무하기 때문이다.”

동북아시아에 비핵지대를 설립하고자 하는 구상은 분명 ‘구체적인 혜택과 결합’하는 구상이며, 동북아시아 지역 민중들의 공동 이익을 창출하는 ‘집단적 행동을 고무’하는 것이다.

미군의 지배가 낳은 악순환

현재까지도 동북아시아 지역의 안전보장 환경은 태평양 전쟁 종결 이후, 이 지역에 주둔하고 있는 미군에 의해 좌우되고 있다. 현재 미군의 존재는 이 지역의 시민들이 공동안보의 틀을 구축하려고 하는 노력에 커다란 질곡이 되고 있다.

미일안보체제 하에서 경제대국이 된 일본의 경우, 그 대가로 동아시아에서 자주적인 평화외교 능력을 거의 상실하게 되었다고 해도 과언이 아니다. 일본과 중국, 일본과 한국, 일본과 북한 등 안전보장과 관계된 모든 외교에서 미국은 일본의 배후조종자로서 행동하고 있다. 그 이외의 행동패턴을 구상하거나 실행하는 것은 중대한 정치적 결단을 수반해야만 하는 상황이다. 예를 들면 "일본은 군사대국이 되지 않을 것이다."라는, 일본 아시아 외교의 기본 공약은 미일안보체제하에서 미국의 군사력을 담보로 해서 처음 채택된 것이었다. 따라서 일본 정부는 미군의 존재를 최우선으로 하는 안보정책을 취해 온 것이다. 그리고 그러한 상황이 지역의 긴장을 한층 높이는 악순환을 끊지 못하고 있는 것이다.

안전보장에 있어 비군사화(신뢰양성, 예방외교)와 지역협력을 지향하고자 하는 세계의 장기적 추세로부터 볼 때, 미군을 핵심으로 해서 지역안보를 지속시키는 이와 같은 형태는 동아시아의 질곡이 되고 있으며 장애라고 생각할 수밖에 없다.

이와 같은 상황이 전형적으로 드러나고 있는 것이 최근 일본의 미사일방어체제# 배치 결정, 공동 기술연구의 추진이다. 일본과 미국이 중국 및 북한의 미사일을 맞춰서 떨어뜨리는 신무기 시스템을 일본 주위에 배치하고, 향후 그 시스템을 장기간에 걸쳐 고도화해 갈 것에 대해 결정한 것이다. 그 과정을 지배하고 있는 논리는 구태의연한 '군사적 우위' 추구의 논리이다. 그 결과 동북아시아에는 '미·일·한 대(對) 북·중·러'라는 냉전시대의 대립관계가 그대로 고착되고 새로운 군비경쟁의 토대가 만들어져 버렸다.

우리들은 비전에 있어서, 그리고 구체적인 제안에서도 이러한 흐름을 타파해가지 않으면 안 된다. 비핵지대 설립의 노력은 그를 위해 유효한 첫걸음인 것이다.

'핵무장과 핵우산'의 이분법을 넘어

더 나아가, 일본의 경우 비핵지대를 설립하고자 하는 노력은 본질적인 안보정책의 전환으로 나아가는 통로가 될 수 있다. 일본의 안보정책은 '핵무장을 할 것인가' 아니면 '핵우산에 의존할 것인가'라는 대립적인 이분법, 즉 이항대립적 고정관념에 묶여 있다. 따라서 미군이 이 지역에서 철수한다는 시그널이 나올 때마다 일본의 핵무장에 대한 우려가 일본 내외에서 화제가 된다. 지역 내 국가들 사이에 오랜 세월 누적되어 온 상호불신의 관계를 생각해 보면 동북아시아 지역은 '핵무기 경쟁의 불씨'를 제거하기는커녕, 오히려 그 온상이 될 수도 있는 것이다. 일본의 정책은 그러한 온상을 기르는 하나의 힘이 되어 왔던 것이다.

40여 년 전이었던 1964년 10월, 중국은 최초의 핵무기 실험을 단행했다. 그것이 일본 정치에 던진 충격은 엄청난 것이었다. 침략전쟁을 통해 막대한 피해를 입히고, 아직 국교도 수립하지 못하고 있던 이웃 국가가 핵무기를 갖는다는 사실로 인해 당시 일본의 정치인들이 처하게 된 심각한 상황을 상상하는 것은 어렵지 않을 것이다. 그 직후 출범한 사토 에이사쿠

(佐藤榮作) 내각은 이러한 상황 하에서 미국의 핵우산에 대한 의존과 일본 자신의 핵무장을 포기하는 비핵 3원칙이라는 일련의 '4대 핵정책'을 채택하게 된다.

보통 '비핵 3원칙'으로 얘기되지만, 사실 사토 에이사쿠가 내세운 정책의 핵심은 미국의 '핵우산'에 대한 의존이었다. 즉, 일본 자신은 핵을 갖지 않지만 −핵무장 포기− 미국은 일본의 방위를 위해 핵을 사용한다는 약속−핵우산−을 받아 낸 것이었다. 당시에 비핵 3원칙을 제시할 수밖에 없었던 것은 정부의 적극적인 비핵정책의 선택이었다기보다는 히로시마와 나가사키에서의 피폭 경험으로 인해 생긴 뿌리 깊은 반핵여론의 결과였다. 이후 핵무기를 둘러싼 일본의 정치적 선택은 '핵무장인가, 핵우산인가'라는 둘 중 하나를 선택해야만 하는 이항대립적 선택지 속에 놓이게 되었다. 45년 만에 자민당을 대신해서 수상이 되었던 호소카와 모리히로(細川護煕)가 수상을 그만둔 뒤 미국의 『포린어페어즈』에 기고한 글(1998년 7/8월호)에서 "일본은 핵무장을 포기한 이상, 동맹국의 핵우산에 의존하는 길밖에 없다."고 논한 것은 상징적이다. 호소카와의 생각이 비핵지대 창설이라는 제3의 선택지에 이르지 못했다는 것은 이항대립적 선택지라는 고정관념에 정치인들이 얼마나 강하게 빠져 있는지를 말해 주고 있다.

현재 북한의 핵무기 개발을 둘러싸고 벌어지고 있는 논쟁들도 역시 같은 틀 속에서 '다람쥐 쳇바퀴 돌리기'를 반복하고 있는 것처럼 보인다. 2003년 8월, 북한의 핵문제 해결을 위한 6자회담이 처음으로 시작되기 2주전, 현직 방위대학교 교장이었던 니시하라 마사시(西原正)가 『워싱턴포스트』에 기고한 글에서 "미국은 북한을 공격할 의도를 가지고 있지 않다는 내용의 협정에 서명해서는 안 된다.", "(그렇게 된다면) 일본 정부는 미국과의 동맹을 신뢰할 수 없게 되며, 보복을 위한 핵개발을 결행하게 될 것이다."라고 말한 것이 기억 속에 다시 떠오른다. 보도에 따른다면, 그 후 일본 정부는 미국정부에 대해 핵억지력의 유지를 요청하고 미국정부는 일본의 요구를 받아들여 북한에 대한 핵억지력의 유지를 재확인했다고 한다.

이와 같이 40년 이상이 지난 지금도 일본의 안전보장 정책은 '핵무장'과 '핵우산'의 이항대립적 선택의 구조 속에 놓여 있다. 이것은 핵에 대한 공포와 그에 맞서기 위한 위협이라는 힘의 대결 구조인 것이다. 그러한 상황 속에서 일본의 식민지배와 침략전쟁 이후, 오랜 세월 쌓여 온 상호불신의 재생산도 계속되고 있다. 또한 미국에 대한 의존 이외에 안전을 확보할 수 있는 방법은 없다는 식의 대미의존정책은 점점 더 일본 군사력의 해외진출을 촉진시키고 있다. '동북아시아 비핵지대'의 창설은 이러한 틀을 바꿀 수 있는 구체적이고 실현가능한 제안이다.

이준규(평화네트워크 운영위원)

식민, 피폭, 전쟁의 기억에서 연대의 미래로 — 비무장지대(DMZ)에서 히로시마까지

두 개의 기억, 기억의 괴리

1945년 8월, 우리는 이 달의 가장 중심에 있는 15일을 일제가 패망하고 조국이 '빛을 되찾은 날'(光復節)로 기억하고 있다. 그러나 일본인들의 대다수는 종전일로 기억한다. 일본은 히로시마(8월 6일)와 나가사키(8월 9일)에 원폭이 투하된 미증유의 인류사적 대사건이 발생한 것으로 이 달을 기억한다. 인류 유일무이의 '피폭국'이라는 기억이 더 일반적이라고 해도 과언이 아닐 것이다. 또한 우리에게는 식민 침략의 유산이 남겨 놓은 분단과 전쟁의 가슴 아픈 역사가 일본에 있어서는 전후복구의 결정적 계기였다. 한반도는 전쟁 후 냉전 대결구조의 최전선이 되었지만 일본은 한국전쟁을 계기로 고도경제성장의 황금기(golden age)를 맞이할 수 있었다.

이렇게 본다면 두 개의 기억에서 느껴진 거리감은 절대 화해할 수 없을 듯 하다. 어쩌면 이것이 지금까지 한반도와 일본 열도를 나누는 동해의 수심보다 더욱 깊은 심연의 골을 남겨놓은 근원일 것이다.

헤이와보케, 대포동 쇼크와 납치문제

물론 이러한 기억마저도 이제는 희미해지고 있다고 말할 수 있을지 모른다. '헤이와보케'(平和ボケ, 평화불감증)라는 말이 보여주고 있듯이 일본 시민들 대다수는 평화, 전쟁, 분쟁 등의 말들에 무감각하다고 한다. 특히 젊은 세대들이 평화에 대한 소중함과 역사의식이 부족한 것에 대해 걱정하는 목소리가 들린다. 이 부분은 한국도 마찬가지이다. 일본에 관광을 가는 많은 한국인들은 가이드북을 따라 메이지신궁(明治神宮)을 찾는다. 그중 대다수는 일본 근대화의 상징인 메이지시대가 한반도 자주적 근대화의 좌절과 동전의 양면이라는 것을 인식하고 있지 않을 것이다. 너무도 자연스러운 일상에 묻혀 있기 때문에 우리가 산소의 중요성을 모르듯이 그렇게 살아가고 있는 것이다.

이와 같은 일본의 일상에 충격을 던진 것이 북한의 대포동 미사일 발사였다(1998년 8월 31일). 일본의 영공을 넘어 태평양 한가운데 떨어진 북한의 대포동 미사일이 얼마나 큰 정신적 충격을 주었을지 예상하는 것은 어렵지 않다. 탈냉전을 기해 소련에 의한 '북방위협론'이 떠난 자리를 '북한위협론'이 급속도로 자리를 채운 것은 이 시기이다. 또한 2002년 북일정상회담에서 진상이 드러난 일본인 납치문제를 계기로 북한에 대한 '깡패국가'(rogue state) 이미지가 겹쳐지면서 일본인에게 북한은 이해할 수 없는 '그로테스크한 범죄국가'로 인식되기에 이른다. 일본 뉴스 중, 북한 관련 보도는 납치문제로 도배되고 있다고 해도 과언이 아니다. 6자회담에 대한 보도도 그 실내용은 그 테이블에서 납치문제를 어떻게, 얼마나 제기하고 있는가가 중심이다. 2003년 유니버시아드대회 북측 참가단 관련 보도도 그 초점은 '미녀응원단'에 맞춰져 있었다. '납치', '미녀응원단' 이 두 이미지는 서로 상반된 이미지가 아니라 일맥상통하는 이미지다. 범죄 집단과 그 집단에 '속한' 미녀들은 가장 선정적 주제이며, 또한 그 이면에는 이해할 수 없는 '기괴한' 체제라는 대북인식이 깔려 있다고 할 수 있기 때문이다.

한류열풍 속에서 한반도와 일본의 거리가 무척 가까워지고 있는 듯 보이지만, 일본 일반 시민들에게 '한국'(kankoku)과 '북조선'(kitachousen)에 대한 이미지는 별개로 존재하고 오히려 정반대의 이미지로 자리 잡아가고 있는 것 같다. 여기에 또 다른 하나의 실체로 존재하는 '재일'(zainichi) 코리안에 대한 이미지까지 더한다면 일본 안에는 한반도에 대한 3개의 '서로 다른' 이미지가 분열증적으로 공존하고 있는 셈이다.

히로시마에서 경험한 두 개의 흐름

　다수의 한국인들은 히로시마와 나가사키의 '피폭'을 언급하면 의심의 눈초리를 보낸다. 일본이 가해자로서의 역사를 피해자로서의 역사로 무마하고자 한다는 것이다. 이와 같은 의혹이 근거 없다고 말할 수 없다. 그러나 이것은 일본이 전쟁을 일으킨 것과 히로시마와 나가사키에 원자폭탄이 투하된 것과는 아무런 인과관계가 없다는 사실을 직시하지 않는 한국인들의 '감정의 과잉'에 기인한 바 크다.

　필자는 '히로시마 원수폭금지 세계대회'에 참석한 적이 있다. 그곳에서 경험한 흐름은 두 개였다. 하나는 히로시마 자료관 앞 광장의 식전행사였다. 이것은 총리를 비롯한 '유명인사'들이 참가하는 대규모의 공식행사이다. 또 다른 하나는 히로시마 원폭돔 주위에서 열리는 다양한 시민 사회 단체들의 집회와 길거리 콘서트였다. 히로시마 피폭일인 8월 6일과 나가사키 피폭일인 8월 9일을 전후해서 만들어지는 시민 사회의 흐름은 정부의 공식행사와는 형식과 내용에 있어서도 다른 것이었다. 평화, 반핵, 환경단체들이 주도하는 학술회의와 연설회, 집회는 정부와 보수적 매스미디어들과는 다른 목소리를 내고 있었다. 정부와 보수적 매스미디어들은 피폭의 비참함과 핵무기에 대한 공포를 반복할 뿐이다. 그러나 시민사회가 만들어가고 있는 흐름 속에는 미국의 이라크침략과 그에 동참하는 일본 정부에 대한 강한 비판, 미국 추종 외교를 추구하면서 주변국들과의 관계를 악화시킬 뿐만 아니라 지속적으로 군비를 증강하고 국제연합과 국제군비통제레짐을 무력화하는데 동조하고 있는 자국 정부에 대한 비판이 담겨 있다. 또한 해외 피폭자에 대해 일본인 피폭자에 상당하는 보상과 지원을 할 것을 요구하는 연대운동이 전개되고 있다. 이러한 피폭자 연대운동에는 5만 명에 달할 것이라고 추산되는 한반도 출신 피폭자들과 피폭 2, 3세 그리고 동남아시아, 유럽, 미국 등지의 피폭자들과의 연대도 포함되어 있다. 이 부분에 있어 일본 시민 사회의 양심 세력들이 중요한 역할을 하고 있다는 점을 기억해야 한다. 한국 내에서는 관심의 대상도 되지 못하고 있던 피폭자들에게 연대의 손을 내민 것은 일본의 시민 사회였던 것이다.

총리와 정부, 보수적 매스미디어가 점유하고 있는 '공식행사'는 피폭이라는 기억을 전쟁에 대한 비판적 성찰을 회피하는 도구로 활용하는 국가 주도의 기억 정치일지도 모른다. 그러나 시민들이 만들어 가고 있는 것은 성찰적 연대의 움직임이라고 할 수 있을 것이다. 그 연대 움직임은 국경과 국적을 넘어서고자 애쓰고 있다. 이와 같이 경계의 다른 한편에서 목소리를 높이고 있는 시민들의 목소리가 국가가 임의로 그어놓은 경계를 넘어 압박하고 침투해 들어갈 때, 국가에 의해 점유되어 버린 역사의 기억을 시민들의 손으로 쥘 수 있을 것이다. 그 과정에서 시민들 스스로의 비전도 만들어 갈 수 있을 것이다.

DMZ와 히로시마를 '함께' 기억하기 위해

혹자는 과거의 기억에 얽매여서는 새로운 미래를 열어갈 수 없다고 한다. 이것은 일본에서만 나오는 목소리가 아니다. 한국의 이른바 '지성인'이라고 하는 사람들도 한국이 역사문제에 '집착'하는 것은 미래지향적이지 못한 행동이라고 말하곤 한다. 그러나 지금 우리에게 필요한 것은 국가─일본이든, 한국이든─가 왜곡해 버린 역사의 기억을 제자리에 위치 지우는 것이다. 이를 통해서 미래지향적이고 평화공존을 위한 연대의 토대가 튼튼하게 갖춰질 것이기 때문이다. 이것이 역사문제의 해결을 전제로 제시하고 있는 것은 아니다. 한일 시민사회의 연대는 '과거를 교훈으로, 현재에 발을 딛고, 평화와 공존의 미래를 여는 과정'이 되어야 할 것이기 때문이다.

휴전선과 DMZ(비무장지대)는 한반도뿐만 아니라 동북아시아 냉전과 전쟁의 상징이다. 우리는 155마일 휴전선을 걸으면서 제국주의와 냉전이 낳은 비극적 유산과 전쟁의 참혹함, 평화의 소중함을 절실히 느낀다. 두 개의 도시를 잿더미로 만들었던 히로시마와 나가사키에 대한 원자폭탄 투하는 반인류적 집단학살(genocide)이었다. 맨해튼 계획─미국의 원자폭탄 개발 계획─을 출범시킨 장본인이었던 아인슈타인은 이 참화를 목도한 뒤 여생을 반핵운동에 바쳤으며 영국의 철학자 러셀과 함께 발표한 '러셀·아인슈타인 선언'은 세계 반핵 평화운동의 지표가 되고 있다.

안타깝게도 한반도와 일본 양국 간에는 기억의 커뮤니케이션이 이루어지고 있지 않다. 때문에 한국과 일본의 시민들은 한미동맹과 미일동맹이 낳은 이국간주의(二國間主義)를 현실로 받아들이고 있으면서도 그것이 낳고 있는 군사적 긴장과 전쟁의 위험성에 대해서는 인식하지 못하고 있다. 오히려 미국의 그늘에서 벗어나는 것은 미래의 불확실성을 증가시킬 뿐이라는 인식이 일반적이다. 또한 한반도는 일본에 대해, 일본은 한반도에 대해 의혹을 갖는 불신의 악순환도 계속되고 있다.

　이와 같은 현실의 굴레에서 벗어나기 위해 필요한 것은 가능성의 공간을 활용하는 정치적 상상력이다. 동북아시아 비핵지대는 바로 이와 같은 맥락에 놓여 있다. 일본의 '비핵 3원칙', 한반도의 '한반도의 비핵화에 관한 남북공동선언', 유엔총회가 인준한 몽골의 '비핵무기국 지위', 대만의 핵비무장 상태 등의 현실에 기반해 동북아시아 비핵지대를 창설하자는 비전이다. 또한 식민, 피폭, 전쟁으로 얼룩졌던 동북아 역사로부터 교훈을 얻어 공히 '비핵·평화'의 이념을 공유하고 실현해 가는 것이다.

정욱식(평화네트워크 대표)

한반도 핵문제와 동북아시아 비핵지대

핵주권과 비확산의 충돌

한반도의 핵문제를 북핵 문제로 동일시하는 경향이 있지만, 한반도에서 핵문제는 크게 세 가지 차원에서 제기된다고 할 수 있다. 먼저 냉전시대, 탈냉전시대, 특히 부시 행정부 출범 이후, 강화되고 있는 미국의 핵무기 패권주의 및 일방주의이다. 한국전쟁 당시 미국의 핵무기 사용 계획, 대량보복전략에 따라 1950년대 후반부터 남한에 배치되기 시작한 핵무기와 유사시 북한에 핵무기 사용을 연습한 팀스피리트 훈련, 대북한 핵선제 공격 옵션을 채택한 부시 독트린, 북한의 지하요새를 겨냥한 소형 핵탄두의 개발 등은 한반도 군비경쟁의 중요한 요인이 되었으며 유사시 한반도 핵전쟁의 가능성을 높여온 핵심적인 문제이기도 했다.

이러한 사실들은 그 진실이 잘 알려지지 않았기 때문에, 관심 밖의 영역에 머물러 온 문제이기도 하다. 미국이 한반도 핵문제의 핵심적 실체임에도 불구하고, 이에 대해 우리 사회가 둔감한 근본적 이유는 미국식 '핵무기주의'(nuclearism)가 한국에도 투영되어 왔다는 점이다. 정책적으로 '핵우산'으로 표현되는 미국의 안보 공약과 한미동맹체제 아래에서 미국의 핵무기에 대해 문제제기하는 것이 금기시되기도 했었다. 미국의 핵정책을 비판하는 것은 곧 안보를 위태롭게 하고 북한을 이롭게 한다는 냉전시대의 산물은 여전히 해소되지 않고 있다. 21세기 들어 국제사회에서는 북한 핵문제 못지않게 미국의 핵정책에 대한 비판의 목소리가 높지만, 우리 사회에서는 소수의 목소리에 머물고 있는 것은 이를 잘 보여주고 있다.

두 번째는 북한의 핵문제이다. 1990년대 이후 북한 핵문제는 북한의 핵무기 개발 시도, 즉 북한의 핵위협 그 자체 못지않게 이를 둘러싼 북미 간의 대결과 갈등이 위기의 실체가 되어 왔다. 내면적으로 갖고 있었던 북한의 핵무장 유혹이 현실화된 것은 냉전체제의 붕괴 및 북한의 고립화와 밀접한 관계를 갖고 있다. 북한이 1985년 소련의 요구로 핵무기 금지조약(NPT)에 가입한 것에서 알 수 있듯이, 소련과 중국이라는 버팀목이 있을 때 북한은 핵무기를 가질 동기도 환경도 강하지 않았다. 남한이 미국의 핵우산에 있는 것처럼 북한 역시 소련이라는 든든한 동맹국이 있었고, 미국이 남한의 핵 보유를 용인하지 않았듯이 소련 역시 북한의 핵보유를 막았기 때문이다.

그러나 소련과 한국의 국교 수립 및 뒤이은 소연방의 해체, 그리고 한중수교는 한반도 안보환경의 근본적인 변화를 가져왔다. 근본적인 안보환경의 변화에 직면한 북한은 내부적으로는 체제 결속을 다지고, 남한과는 현상유지 내지 부분적인 관계개선을 추구하며, 미국, 일본, 유럽연합 등 국제사회와의 관계 개선을 통해 체제 생존을 모색하게 되었다. 이 과정에서 북한의 핵무기 카드는 1970년대 닉슨 및 카터 행정부의 주한미군의 점진적 철수 계획에 맞서 박정희 정권이 시도한 핵무기 및 미사일 개발과 흡사하게 생존을 담보 받는 군사적 의미를 갖는 동시에, 미국과의 관계 개선을 촉진시킬 수 있는 협상용 카드라는 의미를 갖게 된 것이다. 이러한 북한의 핵카드는 북한의 핵포기와 북미관계 정상화 및 대체 에너지 제공을 골자로 한 제네바 합의를 낳기도 했다.

그러나 이러한 북한의 전략은 부시 행정부 출범과 함께 벽에 부딪치고 말았다. 생존을 위한 '기회의 창'이 될 것으로 믿었던 제네바 합의가 '배신의 늪'이 된 상황에서, 부시 행정부가 대북한 비타협주의를 고수하면서 북한을 '악의 축'으로 규정하고 핵무기 사용을 포함한 선제공격 전략을 구체화하고 있는 현실에서, 미국이 대량살상무기에 대한 명확한 증거도 없이 이라크 침략전쟁을 강행하는 모습을 보면서, 북한이 미국의 공격을 억제할 수 있는 핵무장의 유혹에 빠지는 것은 적어도 논리적으로는 자연스러운 일이다. 특히 6자회담을 미국의 시간 끌기 및 대북한 공격의 명분 축적용으로 보고 있는 북한으로서는 다자회담이든 양자회담이든 '외교의 실패'에 대비할 수밖에 없는 현실이다. 회담의 실패가 미국의 대북 군사공격의 조건이 되기 때문이다.

세 번째는 강대국에 둘러싸인 한반도의 지리적 위치로 인해 발생하는 '핵주권'의 유혹과 핵무장을 용인하지 않으려는 국제 비확산체제와의 충돌이다. 이는 한반도 핵문제의 가장 구조적인 문제이기도 하다. 주변 4강 가운데 미국, 중국, 러시아 등 세 나라가 5대 핵 강대국에 포함되어 있고, 일본 역시 마음만 먹으면 핵무장을 할 수 있는 잠재적 핵 강대국이라는 점에서, 남한과 북한이 "우리도 핵무기를 가져야 한다."고 생각할 수도 있다. 그러나 동시에 한반도를 둘러싼 지정학적 환경은 남한이든 북한이든 핵무기 보유를 불가능하게 만들거나, 핵무기 보유시 득보다는 실을 훨씬 크게 만드는 요인이 되고 있다. 이러한 핵주권에 대한 유혹과 비확산체제의 강력한 견제 사이에서 만들어진 딜레마의 구조는 과거와 현재는 물론, 미래에도 쉽게 떨쳐버릴 수 없는 문제이다.

실제로 한반도 역사에서 핵주권과 비확산체제의 충돌 사례는 중요한 시사점을 주고 있다. 1960년대 후반 미국의 "아시아의 방위는 아시아 국가 스스로"라는 닉슨 독트린 발표와 주한미군의 감축을 공약으로 내세운 카터 행정부의 등장 등은 박정희 정권으로 하여금 자주국방 차원에서 비밀리에 핵무기 및 미사일 개발을 하게 만든 중요한 요인이었다. 이러한 남한 내 독자적인 핵무장 계획은 미국의 강력한 견제와 군사 쿠데타로 집권한 전두환 정권이 레이건 행정부로부터 안보 공약과 정권 승인을 확약 받으면서 수포로 돌아갔다. 이는 한반도에서 미국의 대한국 안보 공약이 약화되면 남한의 핵주권론이 부상할 수 있다는 중요한 사례라고 할 수 있다.

남한이든, 북한이든, 통일코리아든 미래에도 핵주권론이 부상할 가능성은 충분히 있다. 미국의 위협이 계속되는 한 북한의 핵무장 유혹은 강해질 수밖에 없고, 이것이 현실화될 경우 핵도미노 현상에서 남한도 예외가 되기는 쉽지 않다. 또한, 박정희 정권이 보여주듯 한반도와 동북아의 안보환경이 개선되지 않은 상태에서의 주한미군의 철수 등 미국의 대한국 안보 공약이 크게 약화되면 남한 내에서 '핵주권론'이 불거질 가능성도 높다. 또한 미국의 주도하에 추진되고 있는 한·미·일 삼각 미사일방어체제가 현실화될 경우 중국의 대대적인 핵전력 증강과 이에 맞선 일본 내 핵무장론의 부상도 한반도 민족주의를 자극하면서 '핵주권'을 부상시키는 중대한 요인이 될 가능성이 있다. 요컨대 핵주권과 비확산의 충돌로 야기되어온 한반도에서의 핵문제는 단순히 과거와 현재의 문제일 뿐만 아니라, 미래의 문제이기도 하다는 것이다. 이러한 점에서 2004년 9월 불거진 남한의 과거 핵실험 논란은 핵주권과 비확산 사이에 고도의 긴장관계가 있다는 것을 보여준 사례라고 할 수 있다.

창조적 대안의 필요성

그렇다면 이와 같은 핵주권과 비확산의 숙명적 딜레마를 어떻게 해결해야 하는가? 그냥 이대로 미국의 핵우산 아래에 남아 있는 것이 21세기의 대안이 될 수 있을까? 아니면 우리도 핵무기 개발 카드를 가져야 할 것인가?

냉전시대에 북한이 핵강대국인 소련, 중국과 동맹관계를 맺고 있을 때, 남한이 미국의 핵우산 아래에 들어가는 것은 적어도 불가피한 측면이 있었다. 그러나 냉전이 끝나고 소련·중국·북한 사이의 동맹이 역사 속으로 사라진 이후에도, 북한의 남침을 억제한다는 이유로 미국의 핵우산은 지속되고 있다. 이미 냉전이 종결된 1990년대 초 한중, 한러 수교가 이루어진 상황에서 이들 국가로부터 핵공격을 당할 것이라는 두려움은 사라졌다고 볼 수 있다. 또한 향후 북한과의 화해협력과 평화체제 구축 노력이 성과를 거두면, 1950년대 후반부터 북한의 남침에 '대량으로 보복하기 위해' 씌어진 미국의 핵우산도 명분을 잃게 된다. 이러한 맥락에서 한반도 평화체제 구축 이후 핵우산을 중심으로 한 미국의 안보 공약은 도마 위에 오르게 될 것이다. "도대체 누구의 핵공격을 막기 위해 핵우산과 미사일방어체제가 필요한가?"라는 근본적인 의문이 제기될 것이기 때문이다.

그렇다고 한국의 핵무장이 대안이 될 수 있는 것도 아니다. 북한의 사례에서 볼 수 있듯이 국제비확산 체제에서 발을 빼 핵무장을 추진하는 것은 엄청난 경제적, 안보적, 정치적 부담을 감수해야 한다. 또한 한반도의 비핵화를 사활적인 이해관계로 보고 있는 주변 4강의 강력한 반발과 견제에 직면하게 될 것이다. 안보딜레마의 악순환에 빠질 뿐이다. 결국 핵주권과 비확산 사이의 딜레마를 풀기 위해서는 창조적인 대안을 모색할 필요가 있다는 결론에 이르게 된다. 강대국의 핵우산에 의존하는 것도 아니고, 자체적인 핵무장도 아닌 제3의 대안을 통해 핵 강대국으로부터 안전을 보장받을 수 있는 길을 찾아야 하는 것이다. 그 길은 핵확산금지조약(NPT)에 명시된 것처럼 모든 핵무기의 궁극적인 해체를 위해 외교적인 노력을 경주하며, 그 과도적인 장치로 동북아시아 비핵지대를 추진하는 것이 되어야 할 것이다.

이른바 '제2의 북핵 위기'는 우리가 핵무기 문제를 본질적인 차원에서 이해하고 문제를 제기할 수 있는 기회이기도 하다. '한반도 비핵화'를 요구하고 있는 주변 국가들과 국제 사회에 '비핵화된 한반도'는 어떻게 핵보유국으로부터 안전을 확보할 수 있을 것인가를 되물을 필요가 있다. 이것은 단순히 한반도에 머무는 것이 아니라, 동북아와 세계를 핵무기의 위협으로부터 해방시키기 위한 보편적 가치의 실현과도 직결된 것이다. 6자회담이라는 장(場)은 좋은 기회가 될 수 있다.

강정민(핵공학박사)

비핵지대와 검증체제의 과제

비핵지대란 지역적 차원에서 핵무기의 확산을 막고, 지역 내 국가들이 핵분쟁에 휩쓸리지 않도록 보장하기 위해, 핵보유국들이 비핵무기지대의 지위를 존중하고 지역 내 국가들에 대해 핵무기를 사용하거나 위협을 하지 않는 것을 목적으로 한다. 또한 조약 또는 협약에 의해 핵무기의 보유 및 배치, 사용이 영구적으로 금지된 지역으로 정의된다.

현재 비핵지대는 1968년 남미 지역의 틀라텔롤코 조약, 1986년 남태평양 지역의 라로통가 조약, 1997년 동남아시아 지역의 방콕 조약 등 2004년 9월 현재 3개 지역의 비핵지대 조약이 발효된 상태이며, 1996년 제의된 아프리카 지역의 펠린다바(Pelindaba) 조약이 서명을 기다리고 있다.

동북아시아 비핵지대 조약과 사찰·검증의 문제

한반도를 포함하는 동북아시아 비핵무기지대와 관련해서 '동북아시아 비핵무기지대(NEA-NWFZ)'라는 개념이 1996년부터 피스데포(Peace Depot)의 히로미치 우메바야시에 의해 주장되어 오고 있다. 이 개념은 한국, 일본, 북한을 지대 내 국가로 정하고 미국, 중국, 러시아를 주변 핵무기국으로 정함으로써 한국, 일본, 북한의 영역을 비핵무기지대로 규정하고 있다. 미국 조지아공대 교수 존 엔디콧이나 일본 토카이대 교수 쿠마오 카네코 등도 유사한 주장을 하고 있다. 2004년 7월 일본의 피스데포는 동북아시아 비핵무기지대 실현을 위한 구체안으로서 한국의 NGO인 평화네트워크와 협력하여 '동북아시아 비핵무기지대 조약' 모델을 만들었다.

이에 필자는 핵문제 분석가의 입장에서 '동북아시아 비핵무기지대 조약'에 대해 검증 체제 및 조약에 대한 한국의 수용 가능성 여부, 두 가지 관점에 대해 언급하고자 한다.

조약에는 비핵무기지대 조약 가맹국으로 비핵국가인 '지대 내 국가'와 핵무기보유국인 '주변 핵무기국'을 구분하고 있다. 조약 가맹국은 다음 사항들을 지킬 의무가 있다.

1. 지대 내에 핵무기를 개발, 실험, 생산, 취득, 보유하지 않는다.
2. 지대 내에 핵무기를 저장, 설치, 배치하지 않는다.

3. 핵무기 생산·개발을 위한 원조 및 원조의 수령을 하지 않는다.

비핵지대의 유지를 위해 가장 중요한 것은 상기 사항들에 관한 효과적인 '검증'이다. 비핵지대는 원자력의 평화적 이용을 보장하고 있으므로, 평화적 핵 활동이 핵무기 개발로 전용되는 것을 방지해야 한다. 그렇기 때문에 핵무기 개발을 사전에 탐지하고 이를 방지하기 위해 효과적인 검증 체제를 갖추는 것이 필수적인 것이다.

기존의 비핵무기지대 조약들은 핵확산금지조약(NPT), 즉 국제원자력기구(IAEA)의 안전조치협정(Safeguards Agreement)에 더하여 비핵지대 조약 국가들이 자체적인 핵사찰을 수행하는 이중통제체제를 확립하고 있다.

검증체제의 유효성은 조약의 범위, 감시체제, 사용기술 등에 의해 결정된다. 효과적인 검증이 수행되면 지대 내에 핵활동이 있더라도 지대 내 국가가 핵물질을 핵무기로 전용하지 않는다는 확신을 심어줄 수 있다.

자료로 실려 있는 '동북아시아 비핵무기지대 조약' 제9조에서 관리 제도를 확립하고 있으나, 이와 관련된 구체적인 사항은 아직 완성되지 않은 '관리 제도에 관한 부속문서'에 맡겨져 있다. 부속문서의 체계는 가능한 한 강제력을 수반하는 것이 바람직하다. 그러한 과정을 통해서 조약 가맹국 간의 신뢰 확보가 가능하기 때문이다. 관리 제도의 중심은 비군사 목적의 핵활동이 조약에 위반되는지 아닌지를 검증하는데 있으며, 이러한 일을 가능하게 하는 기술적 사항을 정비하지 않으면 안 될 것이다.

100% 검증이란 있을 수 없다. 그러나 효과적인 검증이란 조약에 대한 위반사항이 있으면 협력하여 대처한다는 높은 확신과 효율적인 대응조치가 실행되리라는 신뢰를 조약 가맹국에게 주는 것이다. 기술적 정비는 이러한 내용을 최대한 추구해야 한다. 효과적인 검증이란 다음 3가지 구체적인 조치를 필요로 한다.

첫째, 지대 내 국가(한국, 일본, 북한)의 영역 내에 핵무기가 배치되어 있지 않음을 검증한다. 이것은 주변 핵무기국(미국, 중국, 러시아)이 핵무기 및 핵무기용 물질의 재고와 위치 등 핵무기 정보를 조약 관리 제도에 보고하는 것으로부터 시작된다.

둘째, 지대 내 국가 영역(영토, 영해, 영공, 지하, 해저)에 배치되어 있는 전략폭격기, 순항미사일, 핵잠수함 등 핵무기 운송수단에 대해서 핵무기 탑재 유무를 유효하게 검증하지 않으면 안 된다. 또한 재래식 무기용 항공기나 단거리 미사일도 핵무기 운송수단으로 사용될 가능성이 있음에 주의를 기울이지 않으면 안 된다.

셋째, 핵물질의 핵무기 전용을 방지하기 위해 좀 더 유효한 안전조치가 필요하다. 강화된 IAEA 안전조치 추가의정서는 신고된 핵물질의 전용을 검증하는 것만이 아니라 미신고 핵물질이나 미신고 핵활동이 없다는 것을 확신하게 만든다. '동북아시아 비핵무기지대 조약'은 제4조 3항에서 지대 내 국가들이 IAEA 추가의정서에 서명할 것을 의무사항으로 정하고 있다. 단, 지대 내 일부 국가는 IAEA에 대한 불신감이 강하므로, 지역적 제도를 어떻게 잘 조합할 것인가가 과제이다. 향후 상기 3가지 조치에 대한 효과적인 검증 체제의 발전을 기대한다.

한국의 수용가능성

마지막으로 조약에 대한 한국의 수용가능성이다. 한국은 1991년 12월에 동북아시아 비핵무기지대 개념과 유사한 '한반도 비핵화 공동선언'에 서명한 바 있으므로, 한반도 긴장뿐 아니라 동북아시아 긴장 완화로 연결되어 지역 안전보장에 크게 기여할 것으로 기대되는 동북아시아 비핵무기지대 조약의 수용을 거부할 명분은 적다.

게다가 조약이 발효되면 원자력 에너지 도입을 추진하는 측에서는 지금까지 금지되어 온 우라늄 농축이나 사용후 핵연료 재처리 등 원자력 연구 개발에 관한 민감한 분야들에 대해 일본처럼 자유로이 연구를 수행할 수 있는 가능성이 열리게 되므로 조약을 적극 지지할 것이다. 그러나 현실적으로는 미국과의 관계와 주한미군 문제 등으로 인해 그리 간단하지만은 않을 것이다.

모델 '동북아시아 비핵무기지대 조약'의 의미와 쟁점

    우리가 제안하고 있는 '3＋3' 구상은 비핵국가인 한국, 일본, 북한 3개국을 중심으로 미국, 중국, 러시아 등 3개 핵무기 보유국들이 지원국가로서 참여하는 것이다. 동북아시아의 상황을 고려할 때, 이 구상은 모든 제안들 중에서 가장 기본적인 국가 구성을 가지고 있으며, 그러한 의미에서 현실적인 제안이라고 말할 수 있다. '3＋3' 구상에 관련된 나라들이 현재 진행중인 6자회담 참여국과 일치하고 있는 것은 우연이 아니다.

    또한 이 구상은 현재 3개국이 취하고 있는 공식적인 정책에 기반해서 동북아시아 비핵지대로 나아가는 것이다. 즉, 한국과 북한은 1992년에 발효한 '한반도 비핵화에 관한 공동선언'에 기초를 두고, 일본은 "핵무기를 만들지 않고, 보유하지 않고, 반입하지 않는다."라고 선언한 '비핵 3원칙'과 원자력의 군사적 이용을 금지한 '원자력기본법'(1955)의 연장선상에서 비핵지대를 구상하는 것이 가능하다.

한반도 비핵화와 동북아시아 비핵지대

'3+3' 구상과 '한반도 비핵화'의 관계를 명확히 해 둘 필요가 있다. 현재 북한 핵문제와 관련해서 한반도 비핵화의 실현이 국제적인 합의라는 것은 주지의 사실이다. 물론 그것은 바람직한 목표이다. 현재의 국제정치를 고려한다면 동북아시아 비핵지대화보다 앞서서 실현될 가능성도 있다. 그러나 동북아시아 지역안보의 관점에서 본다면 한반도 비핵화와 동북아시아 비핵지대 사이에는 상당한 차이가 있다.

우선 한반도 비핵화로는 동북아시아 긴장의 주요한 한 원인인 일본과 중국 사이의 긴장이 해결되지 않는다. 앞의 글에서 언급한 것처럼 일본 안전보장 정책의 근저에는 중국의 핵무기에 대한 우려가 존재하고 있다. 중국은 핵무기를 보유하게 된 그때부터 "비핵국가에 대해서는 핵공격을 하지 않는다."는 보장(소극적 안전보장)과 "상대방이 핵무기를 먼저 사용하지 않는 한 핵무기를 사용하지 않겠다."는 정책(핵선제 불사용, non-first use)을 선언해 왔지만, 이에 대해 일본 정부는 "믿을 수 없다."는 입장이다. 한반도 비핵화를 통해서는 이러한 관계에 변화를 가져올 수 없다.

그러나 동북아시아 비핵지대가 실현되면 현존하는 4개의

비핵지대 모두가 그러한 것처럼 일본의 우려는 중국 등 핵보유국들의 소극적 안전보장이라는 법적 구속력이 있는 틀을 통해 불식시킬 수 있다. 이와 같은 과정을 통해 일본은 위협으로부터 해방되고 중·일 간 긴장도 완화시킬 수 있을 것이다.

둘째, 한국과 북한이 갖고 있는 강한 대일 경계심을 고려해야만 한다. 한국의 중앙일보 여론조사에 따르면 82.3%(1999년 2월) 혹은 81.9%(1996년 9월)의 한국 국민들이 "한국이 핵무장의 선택지를 가지고 있어야 한다."고 생각하고 있다. 또한 "남북한이 통일되었을 때 아시아의 대국을 경계하기 위해 한국은 핵무기를 가져야 하는가?"라는 질문에 대해 82.6%의 한국민들이 "가져야 한다."고 대답했다. 여기서 아시아 대국이란 일본을 의미한다고 해도 틀림이 없다.

1992년 '한반도 비핵화에 관한 공동선언'은 플루토늄 분리를 위한 재처리시설 및 우라늄 농축시설을 금지하는 것에 합의하고 있지만 일본은 이런 시설들을 보유·가동하고 있다. 'IAEA의 사찰 하에서'라고는 하지만 이러한 상황은 결코 안정적인 것이 아니다. 즉, 한반도의 입장에서 보면 '한반도 비핵화'를 통해서는 일본 핵문제에 대한 불신이 해소되지 않는다. 오히려 장래에 증폭될 가능성마저 남겨놓게 되는 것이다. 이를 해결하기 위해서는 한국과 북한, 일본이 하나의 사찰제도에 놓이는 것이 필요하다. 동북아시아 비핵지대의 설립은 그러한 제도를 확립할 것이다.

셋째, '한반도 비핵화' 프로세스에 동북아시아 협조적 안전보장의 중심적 역할을 담당하고 수행해야 할 한국과 북한, 일본 3국의 협의와 대화의 기회가 반드시 보장되고 있는 것은 아니라는 점이다. 6자회담을 포함해서 현재 진행되고 있는 프로세스에는 여전히 미국의 강한 영향력이 남아 있고 이 상황은 당면 문제가 해결된 후에도 존속할 것이다. 이는 지역의 국제관계가 지금까지와 마찬가지로 앞으로도 미국의 일방주의에 의해 우롱당할 가능성이 연장됨을 의미하는 것이다. 동북아시아 비핵지대 조약에서는 그 구성상, 그 누구보다도 이 지역의 비핵 3개국이 협조적 안전보장의 담당자가 될 것이라는 점이다. 특히 한국의 리더십이 중요하게 된다.

모델 조약의 작성

최근의 '3+3' 구상의 추진은 한일시민연대를 통해 진전되어 왔다. 특히 일본의 토요타재단과 니와노(庭野)평화재단의 지원으로 일본의 피스데포와 한국의 평화네트워크는 2003년부터 제네바, 서울, 뉴욕, 상하이, 히로시마에서 이 문제에 대한 워크숍을 계속할 수 있었다. 그리고 2004년 4월 뉴욕 워크숍에서는 우메바야시 히로미치가 '동북아시아 비핵무기지대 조약'의 초안을 작성·제안했다.

조약은 아직 완성된 것이 아니며 뉴욕회의에서는 카네코마사오(전 일본 외무성 원자력과장)와 존 바로스(미국 핵정책법률가위원회) 등이 참가하였고, 두 사람 모두 조약에 대한 기본적

지지를 표명했다.

모델 조약의 특징

'동북아시아 비핵무기지대 조약'의 전문(全文)을 권말에 자료로 실었다. 그 내용의 특징과 배경에 대해 설명하고자 한다.

전문(前文)

조약의 전문에는 현존하는 다른 비핵지대 조약에는 없는 몇 가지 특징이 있다. 그 하나는 이 조약이 지구상에서 유일하게 실제로 전쟁에서 핵무기가 사용되었던 지역에서 체결되는 조약이라는 것, 또한 한반도와 일본에는 지금도 여전히 고통을 안고 살아가고 있는 많은 피폭자들이 생존해 있다는 것을 상기시키고 있다는 점이다. 그리고 핵무기가 다시 사용될지도 모른다는 새로운 위협에 대한 인식을 언급하고 있는 것은 이 조약의 시대적 배경을 시사하고 있는 것으로서 중요한 부분이다. 여기에 더해 이미 이 책에서 강조하고 있는 것처럼 동북아 지역의 협조적 안전보장을 구축하기 위한 첫걸음으로서 비핵지대의 건설이 우선되어야 한다는 인식이 제시되고 있다.

6개국이 참가하는 조약

조약의 모델안은 '3+3' 구성을 가지고 있는데, 그것은 결국 6개국 조약의 형태를 취하게 된다는 것을 의미한다. 즉, 조약의 제1조에 정의되어 있는 것처럼 조약체결국은 지대 내 국가인 한국, 북한, 일본, 그리고 주변 핵무기국인 중국, 러시아, 미국 이렇게 두개의 범주가 존재한다.

지대 내 국가에게는 제3조 1항에 제시된 것과 같은 비핵국가로서의 의무가 부과되며 주변핵무기 국가에게는 제3조 2항에 제시된 것과 같은 핵무기국가로서의 의무가 부과되어 있다.

핵무기에 의존하지 않을 의무

지대 내 국가의 비핵의무 중 제3조1항 C는 다른 비핵지대 조약에는 없는 새로운 것이다. 그것은 "안전보장정책의 모든 측면에서 핵무기에 의존하지 않는다."는 것을 선언하고 있다. 이른바 '핵우산' 정책을 포기하는 것이다.

동북아시아 비핵지대 조약이 성립했을 때, 지대 내 국가는 주변 핵무기국들로부터 핵무기로 위협이나 공격을 하지 않겠다는 법적 구속력이 있는 소극적 안전보장을 '보증'받게 된다. 따라서 핵무기에 대한 핵우산은 바야흐로 불필요하게 된다. 그럼에도 불구하고 만약 일본이나 한국이 미국의 핵우산에 남게 된다면, 그것은 공공연하게 '비핵공격에 대해 핵무기로 대항하는' 정책이 되고 NPT 체제 하의 국제합의를 위반하는 정책이 된다. 그러한 위반행위는 허용될 수 없을 것이다.

소극적 안전보장

다른 비핵지대 조약에서 소극적 안전보장 조항은 조약 본

문이 아니라 의정서에 포함되어 있고 조약 성립 후 핵무기국가들에게 조약 가맹을 요구하는 형식을 취하고 있다. 그러나 본 조약 모델에서는 주변 핵무기국들이 지역의 안보문제에 깊이 관여하고 있다는 것을 고려해서 그와 같은 소극적 안전보장 의무조항을 조약 본문에 넣었다(제3조2항 a). 이것은 안전의 '보증'을 중시하는 북한과 일본에게는 환영받을 것이지만 미국의 일부에서는 조약 교섭에 신중해야 한다는 견해가 강해질 수도 있다. 이해득실을 감안해서 유연하게 사고하는 것이 현명할 것이다.

선박의 기항과 영해통과

최근의 비핵지대 조약에서 핵무기 탑재가 의심되는 선박과 항공기의 기항, 영해와 영공 통과 문제는 개별국가의 판단에 위임하는 방식을 취해왔다. 동북아시아 비핵무기지대 조약에서도 이에 준하는 사고방식이 당연할 수 있다.

그러나 일본 정부는 비핵 3원칙에서 "반입하지 않는다."고 선언하고 있다. 미국과 핵무기 탑재 선박의 기항을 허용하는 밀약을 했다는 주장에 대해서도 일본 정부는 반복해서 부정하고 있다. 바로 그러한 이유로 이 조약 모델에서는 기존 조약보다 일보 전진시켜 일본이 취하고 있는 사전협의 제도를 기초로 주변 핵무기국들에게 사전협의 의무를 부과하는 방식을 채택했다(제3조2항 c). 협의 요청을 받았을 때 허가여부에 대한 판단은 개개 지대 내 국가에게 위임하도록 하고 있다.

한국의 시민단체들은 기항의 금지를 조약에 포함시킬 것을 강하게 주장하고 있다. 조약 모델의 메모에서 이 문제를 보다 자세하게 설명해 두었다.

에너지 협력

전술한 것처럼, 1992년 '한반도 비핵화에 관한 공동선언'은 플루토늄 재처리와 우라늄 농축시설의 보유를 금지하고 있다. 동북아시아 비핵지대 조약에 이 금지조항을 넣는다는 것은 일본이 이미 이러한 시설들을 가지고 에너지를 생산하고 있는 현재의 상황을 급격히 변화시켜야 하는 어려움이 있다(특히, 농축시설). 다른 한편으로는 한반도 비핵화 선언이 후퇴하는 것에 대해서는 한반도 내외에서 강한 저항에 부딪힐 것이다. 결과적으로 조약 모델은 한반도와 일본 사이에 에너지 확보에 있어 명백한 불균형을 발생시킬 수도 있음을 상정하지 않을 수 없다.

이 문제를 해결하기 위해서는 수많은 문제를 검토할 필요가 있다. 핵무기 금지를 주안점으로 하는 하나의 조약에서 그 해답을 구하는 것은 적절하지 않다. 이 조약 모델에서는 문제의 중요성을 인식하고 에너지 확보에 대해 지대 내 국가 간 성의 있는 협력을 해 나간다는 결론을 내렸다(제4조4항).

피폭체험의 계승과 핵군축 교육의 의무

많은 피폭자가 양산된 지역의 비핵지대 조약으로서 지내 내 국가에 특별한 의무가 부과되어 있다. 그것은 핵무기가 인간과

사회에 끼친 피해 실태를, 현재 그리고 미래의 세대에게 전달해야 하는 것을 포함한 핵군축 교육에 대해 노력할 의무이다.

남겨진 과제

조약 모델의 작성에 따라 앞으로 검토해야 할 사항들이 명확해졌다. 그중 가장 큰 문제는 검증시스템의 구체화이다. IAEA의 능력을 활용하면서도 이 지역의 국가 간 신뢰와 협력을 심화시켜가는 것이 가능하도록 하는 검증제도를 개발하는 것이 필요하다. 조약의 모델 제9조2항에 명기한 관리 제도에 관한 부속문서의 완성이 과제인 것이다. 이 외에도 조약의 메모에 선택지가 제시되고 있는 문제들에 대해서도 앞으로 계속 검토할 필요가 있다.

조약의 모델을 어떠한 형태로 정치과정에 제기할 것인가가 가장 중요한 과제라는 것은 두말할 필요가 없다. 이 과정에서는 6자회담, 남북한 간 회담, 북일간 협의, 북미협의, 아세안지역안보포럼(ARF) 등 관련된 국제회의의 진전을 주시하면서 기민하게 기회를 포착하고 가능한 접근방법을 찾을 필요가 있다. 한국과 일본의 시민단체들이 각각의 조건에 맞는 활동을 진행해가야 할 것이다. 또한 뉴질랜드와 캐나다 등 이 문제에 협력적인 국가들과 관련된 NGO와의 연대, 북한의 대중단체들을 향한 의견제시 등 전력을 기울여야 하는 과제가 앞으로도 많이 남아 있다.

모델 '동북아시아 비핵무기지대 조약'(2004.7)

Model 'Northeast Asia Nuclear Weapon-Free Zone' 전문

이 조약의 체결국은, 동북아시아는 핵무기가 실제로 사용된 세계 유일의 지역이라는 것을 상기하고, 또한 두 도시가 파괴되고 수십만 명의 시민들이 피폭당한 지 약 60년이 지난 현재도 계속되고 있는 형용할 수 없는 인간적·사회적 고난에 생각이 이르고, 지금도 불안하게 살아가는 한반도와 일본의 수많은 피폭자들을 생각하며,

현재의 핵무기는 당시보다도 훨씬 강력한 파괴력을 가지고 있으며 인류가 쌓아 올린 문명을 파괴할 수 있는 유일한 무기임을 인식하고, 또한 핵무기의 선제 사용을 포함해서 실제로 핵무기가

사용될 수 있다는 새로운 군사적 위협이 생겨나고 있는 상황을 우려하면서, 한반도에는 1992년 2월에 발효한 '한반도 비핵화에 관한 공동선언'이 일본에는 1967년 이래 '비핵 3원칙'이 확립되어 오늘날까지 국시(國是)로 되어 있다는 점을 상기하여, 따라서 이 지역 관계국들의 자발적인 합의에 기반해 비핵무기지대를 설립하는 것은 역사적인 경위로부터 지극히 자연스러운 희구라는 인식을 공유하고,

　한편 과거의 한때 이 지역에서 행해진 침략전쟁과 식민지배로부터 발생한 다양한 어려움들을 직시하며, 동시에 미래를 향해 그러한 것들을 극복하기 위해 축적해 온 지역 제(諸)국가들의 역대 정부에 의한 노력을 상기하고, 그러한 것들 속에서 최선의 것을 계승하면서, 그 기초 위에서 지역의 모든 국가들이 우호와 평화적 협력을 더더욱 한층 진전시켜 가는 것이 중요함을 통감하고, 비핵무기지대의 설립이 그러한 지역적인 협조적 안전보장을 구축하기 위해 우선되어야 할 첫걸음임을 굳게 믿으며, 그 설립이 이 지역에서, 1997년에 발효한 '화학무기 개발·생산·비축·사용금지 및 폐기에 관한 조약', 1972년에 발효한 '생물 및 독소무기의 개발·생산·비축 금지 및 폐기에 관한 조약'을 비롯한 이미 존재하는 국제적 군축·군비통제조약에 대한 보편적인 가입과 준수를 촉진할 것이라는 점을 희망하고, 그 설립이 1970년에 발효한 '핵확산금지조약'의 제6조에 규정된, 1996년 7월8일에 나온 국제사법재판소의 '핵무기 사용과 위협에 관한 합법성'에 관한 권고적 의견으로 재확인된 핵군축 의무의 이행 촉진에 공헌할 것임을 믿으며, 나아가 그 설립은 그 이외의 많은 국제조약 및 국제기구의 결의에 구

현되어 온, 하루라도 빨리 핵무기를 전면적으로 금지하고 폐기해야 함을 요구하는 세계 인민의 열망을 실현하기 위한 하나의 추가적 공헌이 될 것임을 확신하면서, 다음과 같이 협정한다.

제1조 용어의 정의

이 조약 및 그 의정서의 적용에 있어서,

(a) '동북아시아 비핵무기지대'란 일본, 대한민국 및 조선민주주의인민공화국의 영역에 형성되는 지역을 의미한다.

(b) '영역'이란 영토, 내수(內水), 영해, 이들의 해저 및 지하, 그리고 이들의 상공을 의미한다.

(c) '지대 내 국가'란 일본, 대한민국 및 조선민주주의인민공화국을 의미한다.

(d) '주변 핵무기국'이란 NPT 조약상의 핵무기국가 중에서 중화인민공화국, 미합중국, 러시아연방을 의미한다.

(e) '체결국'이란 지역 내 국가와 주변 핵무기국을 합한 6개국, 본 조약의 규정에 따라 비준서를 기탁한 국가를 의미한다.

(f) '핵폭발장치'란 그 사용 목적을 불문하고 핵에너지를 방출할 수 있는 모든 핵무기 혹은 그 외의 핵폭발장치를 의미한다. 그 중에는 조립되어 있지 않는 형태 및 부분적으로 조립되어 있는 형태의 핵무기 또는 핵폭발장치는 포함되지만, 그것들의 운송 혹은 운반수단이 분리가능하며 불가분의 일부를 이루고 있는 것이 아닌 경우는 포함되지 않는다.

(g) '방사성물질'이란 국제원자력기구(IAEA)가 권고하는 클리어런스 레벨 또는 이그젬프션 레벨을 넘어서는 방사성 핵종을 포

함한 물질을 의미한다.

(h) '방사성폐기물'이란 IAEA가 권고하는 클리어런스 레벨을 넘는 농도 또는 방사능을 가진 방사성 핵종을 포함한 물질, 혹은 그것으로 오염된 물질이며, 어떠한 이용가치도 없는 물질을 의미한다.

(i) '핵물질'이란 IAEA 헌장 제20조에 정의된, IAEA에 의해 기회가 있을 때마다 수정된 모든 원료물질 혹은 특수핵분열성물질을 의미한다.

(j) '핵시설'이란 발전용 원자로, 연구용 원자로, 임계시설, 재처리시설, 핵연료가공시설, 사용후 연료 저장시설, 핵연료폐기물 저장시설, 그 외 모든 상당량의 핵물질, 조사(照射)된 핵물질, 방사성물질, 또는 방사성폐기물이 존재하는 시설을 의미한다.

제2조 조약의 적용

1. 별도의 규정이 없는 한, 이 조약은 '동북아시아 비핵무기지대'에 적용된다.

2. 영토에 관한 분쟁이 있는 경우, 이 조약의 어떠한 규정도 영유권의 해석에 관한 현재의 상황을 변경하지 않는다.

3. 이 조약의 어떠한 규정도 해양의 자유에 관한 국제법상의 국가 권리 또는 권리의 행사를 침해하지 않으며, 어떠한 형태로도 영향을 주지 않는다.

제3조 핵폭발장치에 관한 기본적 의무

1. 지대 내 국가의 의무

지대 내 국가는, 다음을 약속한다.

(a) 동북아시아 비핵무기지대의 안이든 밖이든 불문하고 핵폭발 장치의 연구, 개발, 실험, 제작, 생산, 수령, 보유, 저장, 배치, 사용을 하지 않는다.

(b) 다른 국가, 혹은 국가 이외의 집단이나 개인이 지역 내 국가의 영역 내에서 본조 1항 (a) 기재 행위를 하는 것을 금지한다.

(c) 자국의 안전보장 정책에서 핵무기 또는 그 외의 핵폭발장치에 대한 의존을 완전히 배제한다.

(d) 1945년의 원자폭탄 투하가 도시 및 시민에게 입힌 피해의 실상을 현재 그리고 미래의 세대에 전달하는 것을 비롯해서, 핵군축의 긴급성에 관한 교육의 세계적 보급에 노력한다.

2. 주변 핵무기국의 의무

주변 핵무기국은, 다음을 약속한다.

(a) 동북아시아 비핵무기지대에 대해서 핵무기를 사용하지 않는다. 또한 사용 위협을 하지 않는다.

(b) 지대 내 국가에 대한 본조 1항의 제 의무를 존중하고, 그 이행에 방해가 되는 어떠한 행위에도 기여하지 않는다.

(c) 핵폭발장치를 탑재한 선박 또는 항공기를 지대 내 국가에 기항, 착륙, 영공통과, 또는 무해통항권이나 통과통행권에 포함되지 않는 방법으로 영해를 일시 통과시키려는 경우에는 해당 지대 내 국가에 사전통고하고, 허가를 요구해서 협의하도록 한다. 협의의 결과, 허가할 것인가 말 것인가는 해당 지대 내 국가의 주권적 권리에 기반한 판단에 맡긴다.

제4조 원자력의 비군사적 이용

1. 본 조약의 어떠한 규정도 체결국이 원자력을 비군사적으로 이용할 권리를 침해하지 않는다.

2. 지대 내 국가는 핵비확산조약(NPT) 제3조에 규정된 안전조치 하에서만, 원자력의 비군사적이용을 행하는 것으로 한다.

3. IAEA와 포괄적 안전조치협정 및 추가의정서를 체결하고 있지 않는 지대 내 국가는 본 조약 발효이후 18개월 이내에 이들을 체결해야 한다.

4. 각국의 안정적이고 지속적인 에너지 확보에 대해서 지대 내 국가는 지대 내 국가들 간의 성의 있는 협력을 발전시켜 가야 한다.

제5조 방사성물질의 해양 투기 및 공중 방출

지대 내 국가는, 다음의 것들을 하지 않을 것을 약속한다.

(a) 동북아시아 비핵무기지대의 어떠한 장소에서도 방사성물질 또는 방사성폐기물을 해양에 투기하는 것, 또한 공중에 방출하는 것.

(b) 동북아시아 비핵무기지대의 어떠한 장소에서도 다른 국가 혹은 국가 이외의 집단 및 개인이, 방사성물질 또는 방사성폐기물을 해양에 투기 또는 공중에 방출하는 것을 허가하는 것.

제6조 핵시설에 대한 무력공격의 금지

체결국은 동북아시아 비핵무기지대 내에 존재하는 핵시설에 대해서, 어떠한 방법으로도 무력공격을 목적으로 하는 행동을 취하지 않는 것, 그러한 행동을 지원하지 않는 것, 또한 장려하지 않을 것을 약속한다.

제7조 동북아시아 비핵무기지대 위원회의 설립

본 조약의 이행을 확보하기 위해서 동북아시아 비핵무기지대 조약위원회(이하 '위원회'라고 한다)를 설립한다.

(a) 위원회는 모든 체결국으로 구성된다. 각 체결국들은 외무장관 또는 그 대리에 의해 대표되고, 대표대리 및 수행원을 동반한다.

(b) 위원회의 임무는 본 조약의 이행을 감시하고 제 조항의 준수를 확보하는 것으로 한다. 또한 그와 관련해서 필요한 경우 본 조약의 전문에 언급한 사항에 관해서 협의한다.

(c) 위원회는 체결국의 요청에 의해서, 혹은 제8조에 따라 설립된 집행위원회의 요청에 의해 개최된다.

(d) 위원회는 모든 체결국의 출석으로 성립되어, 전원일치로 합의를 이룬다. 전원일치가 이루어지지 않는 경우는, 1개 국가를 뺀 체결국 전원의 합의로 결정할 수 있다.

(e) 위원회는 각 회의의 모두에서 의장 및 그 외 필요한 임원을 선출한다. 의장은 체결국 내의 3개 지역내국가로부터 선출한다. 그들의 임기는 다음 회의에서 의장 및 그 외 임원이 새로 선출되는 때까지로 한다.

(f) 위원회는 본부의 소재지, 위원회 및 하부기관의 재정, 그리고 운영에 필요한 기타 사항에 관한 규칙 및 절차를 결정한다.

제8조 집행위원회의 설립

1. 위원회의 하부기관으로 집행위원회를 설립한다.

(a) 집행위원회는 모든 체결국으로 구성된다. 각 체결국은 고위급 1인을 대표로 하고, 대표는 대표대리와 수행원을 동반할 수 있다.

(b) 집행위원회는 그 임무의 효율적인 수행에 필요한 때에 개최한다.

(c) 집행위원회 의장에는, 구성원내에서 위원회를 대표하는 자가 취임한다. 체결국이 집행위원회의장에게 보낸 모든 제출물 또는 통보는 다른 집행위원회 구성원에게 배포된다.

(d) 집행위원회는 모든 체결국의 출석으로 성립되어 전원일치로 합의를 이룬다. 전원일치가 성립되지 않는 경우 1개 국가를 뺀 모든 체결국의 합의로 결정할 수 있다.

2. 집행위원회의 임무는 다음과 같다.

(a) 제9조의, 본 조약 준수를 검증하는 관리 제도의 적절한 운용을 확보하는 것.

(b) 제9조 2항 (b)의, '설명의 요청' 혹은 '실태조사단에 관한 요청'이 있는 경우 그에 대해서 검토하고 결정하는 것.

(c) 본 조약의 '관리 제도에 관한 부속문서'에 따라 실태조사단을 설치하는 것.

(d) 실태조사단의 조사결과에 대해서 검토하고 결정해서 위원회에 보고하는 것.

(e) 적절하고 필요한 경우에, 위원회에 대해 위원회 회의의 소집을 요청하는 것.

(f) 위원회로부터 적절한 권한을 얻어, 위원회를 대신해 IAEA와 그 이외의 국제기관과 협정을 체결하는 것.

(g) 그 외에 위원회가 위임하는 임무를 수행하는 것.

제9조 관리 제도의 확립

1. 본 조약에 기반을 둔 체결국의 의무 준수를 검증하기 위해 관리 제도를 확립한다.

2. 관리 제도는 이하의 내용으로 한다.

(a) 제4조 3항에 규정된 IAEA의 보장조치 제도

(b) 본 조약의 '관리 제도에 관한 부속문서'에 규정된 제반 제도, 그것에는 본 조약의 이행에 영향을 줄 것으로 판단되는 사태에 관한 정보의 보고, 정보 교환, 본 조약의 준수에 관한 의심이 발생할 때에 있어 설명의 요청, 본 조약의 준수에 관한 의심이 생긴 사태를 규명하고 해결하기 위한 실태조사단에 관한 요청, 집행위원회가 위한을 인정했을 때의 개선조치, 그 외 필요한 사항이 규정된다.

제10조 서명, 비준, 기탁 및 발효

1. 본 조약은 중화인민공화국, 미합중국, 러시아연방, 일본, 대한민국, 조선민주주의인민공화국에 의한 서명에 개방된다.

2. 본 조약은 서명국의 헌법상 절차에 따라 비준되어야 한다. 비준서는 여기에 기탁국으로 지정된 OOO에 기탁된다.

3. 본 조약은 모든 지대 내 국가와 적어도 2개의 주변 핵무기국이 비준서를 기탁한 날에 발효한다.

제11조 유보의 금지

본 조약에는 유보를 붙여서는 안 된다.

제12조 조약의 개정

1. 모든 체결국은 관리 제도에 관한 부속문서를 포함한 본 조약 및 그 의정서의 개정을 제안할 수 있다. 개정안은 집행위원회에 제출되고, 집행위원회는 개정안을 토의하기 위한 위원회회의를 소집하도록 신속하게 위원회에 요청하도록 한다. 개정을 위한 위원회는 모든 체결국의 출석으로 성립되고, 개정안은 전원일치 결정으로 채택된다.

2. 채택된 개정안은 기탁국이 체결국 중 5개국 이상의 수탁서를 수령한 날로부터 30일에 발효된다.

제13조 재검토회의

본 조약의 발효 후 10년째 해에, 본 조약의 운용을 검토하기 위한 위원회회의를 개최한다. 위원회를 구성하는 체결국 전체의 전원일치가 있으면, 그 후 동일한 목적으로 재검토회의를 수시로 개최할 수 있다.

제14조 분쟁의 해결

본 조약의 규정에서 기인하는 어떠한 분쟁도 분쟁 당사국인 체결국이 합의하는 평화적 수단에 의해 해결하도록 한다. 분쟁 당사국이 교섭, 중재, 심사, 조정 등의 평화적 수단에 의해 1개월 이내에 해결에 이르지 못하는 경우에는 분쟁 당사국 일방이 다른 분쟁 당사국의 사전 동의를 얻어 해당 분쟁을 중재재판 또는 국제사법

재판소에 위임하는 것으로 한다.

제15조 유효기간
본 조약은 무기한으로 효력을 갖는다.

동북아시아 비핵무기지대 조약에 대한 의정서(안)

본 의정서의 체결국은, 핵무기의 전면적 금지와 완전폐기의 달성을 위한 노력에 공헌하고, 그에 따라 동북아시아를 포함한 국제 평화와 안전을 확보하는 것을 희망하며, ○○○○년○○월○○일 ○○에서 서명한 동북아시아 비핵지대 조약에 유의하면서, 다음과 같이 협정했다.

제1조 동북아시아 비핵무기지대 조약의 존중
체결국은 동북아시아 비핵무기지대 조약(이하 '조약'이라고 한다)을 존중하고 조약 체결국에 의한 조약의 위반 또는 의정서 체결국에 의한 본 의정서에 위반이 되는 어떠한 행위에도 기여하지 않을 것을 약속한다.

제2조 핵무기의 불사용
체결국은 동북아시아 비핵무기지대에 대해서 핵무기를 사용하지 않으며 또한 사용 위협을 하지 않을 것을 약속한다.

제3조 기항과 통과

의정서 체결국이 핵폭발장치를 탑재한 선박이나 항공기를 지대 내 국가에 기항, 기착, 영공통과 또는 무해통항권이나 통과통행권에 포함되지 않는 방법으로 지대 내 국가의 영해를 일시 통과시키려고 하는 경우에는 해당 지대 내 국가에 사전통고하고 허가를 요청해서 협의를 행하도록 한다. 협의결과 허가할 것인가 말 것인가는 해당 지대 내 국가의 주권적 권리에 기반한 판단에 위임한다.

제4조 서명, 비준, 발효

1. 본 의정서는 프랑스공화국, 그레이트브리튼 및 북아일랜드 연합왕국에 의한 서명을 위해 개방된다.

2. 본 의정서는 비준되어야 한다. 비준서는 조약 기탁국에 기탁된다.

3. 본 의정서는 각 체결국이 비준서를 기탁한 날에 발효한다.

* 이 '조약 모델'은 우메바야시 히로미치가 초안을 작성하고 한국과 일본의 전문가, 연구자들의 토론을 통해 수차례 수정한 것이다(번역 : 평화네트워크 이준규).

모델 '동북아시아 비핵무기지대 조약'에 관한 메모

1. 제1조 (b) 다른 비핵지대 조약에는 영해 외에 군도 수역이 영역으로 포함되어 있지만, 동북아시아 비핵지대에는 군도 수역이 존재하지 않기 때문에 배제했다.

2. 제1조 (c) 국명을 열거할 때는 특정한 이유가 없는 경우 인구의 수에 따른다.

3. 제1조 (f) '핵폭발장치'의 정의는 기본적으로 라로통가 조약(남태평양 비핵지대 조약)에 따랐다.

4. 제1조 (g) (h) '방사성물질' 및 '방사성폐기물'의 정의는 방콕 조약(동남아시아 비핵지대 조약)에 따랐다.

5. 제1조 (i) (j) '핵물질' 및 '핵시설'의 정의는 펠린다바 조약(아프리카 비핵지대 조약)에 따랐다.

6. 제2조 3항 '해양의 자유' 부분은 펠린다바 조약에 따랐다.

7. 제3조 1항 (a) 여기에 열거되어 있는 의무사항은 '한반도 비핵화에 관한 공동선언'에, '연구'와 '개발'을 추가한 것이다.

8. 제3조 2항(c) 동북아시아 비핵무기지대에 접하고 있는 해역(황해, 동지나해, 동해 혹은 일본해, 태평양)은 모두 공해를 통해서 불편하지 않게 접근할 수 있다. 대한해협(쓰시마해협 서쪽 수로)에서는 일본, 한국이 모두 영해 3해리를 그리고 쓰시마 동쪽 수로, 츠가루(津輕)해협, 오스미(大隅)해협, 소야(宗谷)해협(라페루즈해협)에서는 일본이 영해 3해리를 적용하고 있기 때문에 이들 모두 해협에 공해 항로가 존재한다.

이 조항을 3조 2항에서 떼서, 다른 비핵지대 조약처럼 제3조 1항 (e)로 규정하는 방안도 가능하다. 더 보수적인 안이다. 즉, 제3조 1항 (e) 지대 내 국가는 그 주권적 권리의 행사에 있어, 외국의 선박 혹은 항공기의 기항, 착륙, 영공통과, 무해통항, 통과통행의 권리에 포함되지 않는 방법으로 영해에서의 일시통과를 허가할 것인가 말 것인가는 스스로 결정하는 자유를 갖는다.

9. 제7조, 제8조 및 제9조 '동북아시아 비핵무기지대 위원회', '집행위원회'에 관해서는 방콕 조약의 관계조항을 참고했다.

10. 제7조 (b) 동북아시아 비핵무기지대 위원회의 임무 안에서 전문(前文)에 언급되고 있는 지역의 평화와 안전보장 및 세계적 차원에서의 핵무기 철폐에 대한 관심을 포함해서 조약 준수에 대해 협의할 것을 강조했다. 전문에는 화학무기, 생물무기에 대한 관심도 언급되고 있다.

11. 제7조 (e) '동북아시아 비핵무기지대 위원회'의 의장을 체

결국 내의 지대 내 국가에서 선출하도록 함으로써 지대 내 국가가 운영의 중심을 담당하도록 해야 한다는 점을 제시한 것이다.

12. 제8조 2항 (c) 및 제9조 2항 (b) '관리 제도에 관한 부속문서'의 안은 아직 미완이다.

13. 제9조 2항 (b), 제7조 (b)에서 전문에 관한 내용도 위원회 협의의 대상이 된 것과 관련해, 이 조항에서 '정보의 보고와 정보교환'에는 전문의 내용에 관한 사항도 포함된다.

14. 제10조 3항 발효의 요건으로서 3개의 지대 내 국가의 참가를 제시했다. 무엇보다도 본 조약의 중요한 의무를 지닌 국가들이기 때문이다. 미국의 비준만이 늦어지는 상황을 상정할 수 있는데, 그때라도 서명된 상황에서는 규범적 효과를 기대할 수 있다는 것과 국제적인 압력을 가해서 비준을 촉구하는 것으로 봐서도 '발효된 상황'이 유리하다고 판단하는 것이다.

15. 제11조, 제12조, 제13조, 제14조 및 제15조 '유보의 금지', '조약의 개정', '재검토회의', '분쟁해결', '유효기간'에 관해서는 방콕 조약을 참고로 했다. 탈퇴규정에 대해서는 이후의 과제로서, 안은 제시하지 않았다.

16. 의정서 : 의정서는 방콕 조약을 참고로 해서 그것을 간략화한 것이다.

주

1) 서명 : 정부가 조약의 취지, 조항에 찬동해서 향후 조약을 비준할 의사가 있음을 밝히는 것. 조약에 법적으로 구속되지는 않지만 조약의 취지에 반하는 행동은 하지 않을 의무는 있다.

2) 비준 : 정부의 대표가 서명한 조약을 각 국가에 정해진 승인 절차에 따라 해당국의 조약체결권을 가진 자가 최종적으로 동의하는 것. 이때부터 조약에 있는 조항을 준수할 법적 의무가 생긴다.

3) 남태평양 포럼(SPF), 태평양군도포럼(PIF) : 남태평양에 있는 독립국들과 자치정부의 정상회담. 1971년 남태평양포럼이 설립되어 태평양국가 정상 간 대화의 장으로 발전했다. 2000년 태평양군도포럼(PIF)으로 명칭을 변경했다.

4) 아프리카통일기구(OAU) : 아프리카 국가들 간의 협력을 위해 1963년 창설되었다. 2000년 아프리카연합(AU)이 되었다.

5) 핵확산금지조약(NPT) : 미국, 러시아, 영국, 프랑스, 중국 5개국을 '핵무기국'으로 그 이외의 국가를 '비핵무기국'으로 규정하고, 핵무기국 이외에 핵무기가 확산되는 것을 방지하며, 핵무기국들의 핵무기 철폐 의무를 정한 조약. 1968년 7월1일에 서명, 1970년 3월5일 발효. 조약체결국은 189개국(2004년 12월 현재). 인도, 파키스탄, 이스라엘 등은 가입하고 있지 않다.

6) 5대 핵무기보유국(핵보유국, 핵무기국) : 미국, 러시아, 영국, 프랑스, 중국 5개국의 핵탄두 보유수는 2004년 8월 현재 미국 1만 발, 러시아 1만 7천8백 발, 영국 2백 발, 프랑스 3백50발, 중국 4백 발로 추정되고 있다.

7) 포괄적 핵실험금지조약(CTBT) : 우주공간, 대기권내, 수중, 지하를 포함해서 모든 공간에 핵무기의 실험폭발 및 그 이외의 핵폭발을 금지하는 조약. 1994년 1월 제네바 군축회의 핵실험금지 특별위원회에서 교섭이 개시되어 1996년 9월 유엔총회에서 압도적 다수로 채택되었다. 그러나 아직 발효되고 있지 않다.

8) NCND : Neither Confirm Nor Deny의 약자. 핵무기의 존재에 대해 긍정도 부정도 하지 않는 정책.

9) 확대억지정책 : 핵보유국이 동맹을 맺은 비핵국가의 방위를 약속함으로써 제3국이 해당 비핵국가에 대해 공격하는 것을 억지하고자 하는 정책.

10) 영해 : 국가의 주권이 미치는 영역(territory)을 구성하는 한 부분으로 일정한 폭으로 영토를 둘러싸면서 접하고 있는 수역 (水域). 유엔 해양법조약에서 각국은 12해리 이내로 정해야 한다고 규정하고 있음.

11) 공해 : 특정국가의 주권과 주권적 권리의 범위에 속하지 않고 각국이 자유롭게 사용, 항해할 수 있는 해양.

12) 배타적 경제수역(EEZ) : 연안국이 석유와 천연가스와 같은 자원 탐사와 개발, 어업 등의 경제활동에 대해 주권적 권리를 갖는 수역. 유엔 해양법 조약에서 제도화되었으며 그 폭은 해안(영해 기준선)으로부터 200해리(약370km) 이내.

13) 비전략미사일 : 대륙간탄도미사일(ICBM)과 잠수함발사탄도미사일(SLBM) 이외의 미사일.

동북아시아 비핵지대

초판발행 2005년 3월 10일 | 2쇄발행 2008년 9월 5일
지은이 이삼성, 우메바야시 히로미치 외
펴낸이 심만수 | 펴낸곳 (주)살림출판사
출판등록 1989년 11월 1일 제9-210호

주소 413-756 경기도 파주시 교하읍 문발리 파주출판도시 522-2
전화번호 영업·(031)955-1350　기획편집·(031)955-1357
팩스 (031)955-1355
이메일 book@sallimbooks.com
홈페이지 http://www.sallimbooks.com

ISBN 89-522-0342-9 04080
　　　 89-522-0096-9 04080 (세트)

값 3,300원